Yf 10/98

DE

# L'INFLUENCE DES MOEURS

## SUR LA COMÉDIE

IMPRIMERIE D'E. DUVERGER,
RUE DE VERNEUIL, N. 4.

DE L'INFLUENCE

# DES MŒURS

## SUR LA COMÉDIE

### DISCOURS

SUIVI DE DEUX ÉTUDES

SUR LES ROLES DU MISANTHROPE ET DU TARTUFE

PAR

**ADRIEN PERLET**

ANCIEN ACTEUR DU GYMNASE

---

**PARIS**
DAUVIN ET FONTAINE, ÉDITEURS
35, PASSAGE DES PANORAMAS
CH. TRESSE, SUCCESSEUR DE BARBA
2 ET 3, GALERIE DE CHARTRES, PALAIS NATIONAL
**1848**

* Cette proposition fut mise au concours l'année dernière par la Société Philotechnique.

Son programme était ainsi conçu :

« Rechercher l'influence que l'esprit public et les mœurs en France ont exercée sur les diverses phases de la comédie depuis Molière. La Société ne demande pas une revue complète des auteurs comiques, encore moins une nomenclature de toutes les productions depuis Molière : ce qu'elle provoque, c'est un examen littéraire et philosophique des œuvres comiques qui ont paru sur notre théâtre avec le plus de succès ; c'est une appréciation de l'influence qu'ont exercée à diverses époques les mœurs sur la comédie, et, accessoirement, la comédie sur les mœurs. »

Le travail que l'on va lire, conçu d'après ce plan, était destiné au concours ; diverses circonstances ne nous ayant pas permis de le terminer pour l'époque où devaient être déposés les manuscrits, nous en risquons aujourd'hui la publication.

# DE L'INFLUENCE DES MŒURS

# SUR LA COMÉDIE*.

> Quand vous peignez les hommes, il faut les peindre d'après nature : on veut que les portraits ressemblent, et vous n'avez rien fait si vous n'y faites reconnaître les gens de votre siècle.
> MOLIÈRE, *Critique de l'École des Femmes*.

Les mœurs devraient sans doute, et dans tous les temps, exercer une grande influence sur la comédie, puisque la vraie mission de celle-ci est en partie de les reproduire, et que, quelques modifications heureuses qu'elles puissent recevoir des révolutions ou des progrès du temps, elles ont toujours assez de côtés ridicules, elles offrent toujours assez de prise à la critique pour être justiciables du théâtre. Cependant il est des époques où leur influence a été nulle sur la comédie. La cause principale en est peut-être dans la fausse idée que les auteurs se sont faite de leur art, et par suite de laquelle ils ont quitté la bonne route pour s'engager dans des voies funestes. Molière avait cependant frayé cette bonne route, et, dans le passage de la *Critique de l'Ecole des Femmes*, que nous avons choisi pour épigraphe, il exprime par l'organe de Dorante son propre sentiment sur le genre de talent et la mission des poëtes comiques. On y voit que leur premier mérite, aussi bien que leur but principal, doivent être de peindre les passions, les ridicules, les goûts, les préjugés dominants, c'est-à-dire la manière d'être, ou les mœurs des hommes de leur siècle. Et, comme la comédie est de sa nature critique et satirique, on juge, quand elle y reste fidèle, quand elle réfléchit les mœurs avec vérité, subissant sous ce rapport leur action, combien à son tour elle peut réagir efficacement sur les mœurs.

Dans l'essai que nous allons entreprendre, nous aurons donc plus d'une fois l'occasion de comparer à Molière les auteurs qui sont venus après lui, non sans doute pour faire ressortir leur infériorité, ce qui ne serait qu'un soin puéril et ridicule, mais afin, au contraire, de mieux apprécier leur mérite; et de reconnaître s'ils ont toujours suivi le bon chemin, ou s'ils en ont dévié.

Pour mettre le plus d'ordre possible dans notre travail, nous diviserons en périodes le long espace de temps qui nous sépare du règne de Louis XIV, et nous en tracerons successivement les tableaux que nous mettrons en regard, pour ainsi dire, des meilleures comédies représentées pendant leur durée. Cette division semble être indiquée par les changements notables survenus dans les mœurs à diverses époques depuis la mort de Molière, époques auxquelles ils ont imprimé un caractère particulier et une physionomie qui les rendent tout à fait distinctes.

## PREMIÈRE PÉRIODE.

Trois comiques éminents, Dancourt, Brueis et Regnard succèdent à Molière, comme pour le rendre plus digne d'admiration et pour mieux marquer sa hauteur. Quelque rare, en effet, que soit leur mérite, combien ces écrivains restent encore au-dessous de lui! Mais pénétrés de ses principes, ils marchent du moins sur ses traces, et, dans la composition de leurs ouvrages, ce qui les préoccupe avant tout, c'est la peinture des caractères, des ridicules et des travers du temps.

Les premières comédies de Dancourt ne parurent qu'en 1687, quatorze ans après la mort de Molière. Déjà les mœurs s'étaient bien altérées. La noblesse, à demi ruinée, en proie à la passion du jeu, commençait à trafiquer de ses titres en s'alliant à la roture opulente. Les riches bourgeoises de la finance et de la robe, au lieu de jouir modestement de leur fortune, déployaient dans leurs équipages et leurs toilettes un luxe scandaleux, et se donnaient en outre les grands airs des femmes de qualité. Celles-ci en étaient d'autant plus irritées que seules elles croyaient avoir le droit de les afficher; et, pour punir de leur impertinence ces petites *bourguillones*, comme elles les appelaient, elles saisissaient toutes les occasions de les humilier publiquement. Ainsi froissées, et dans des idées de vengeance, ces ridicules bourgeoises étalaient un faste plus insolent encore; et comme leur unique ambition était de devenir un jour dames de qualité si le veuvage les rendait maîtresses de leur sort, elles prenaient soin d'attirer chez elles, par des fêtes magnifiques et des repas somptueux, grand nombre de gens titrés, et de s'en faire courtiser. Parvenaient-elles à lier avec eux quelque intrigue amoureuse, elles s'en glorifiaient hautement, et, bravant toutes les bienséances, elles se montraient aux promenades, aux spectacles et dans tous les lieux publics en compagnie de leur conquête. De telles femmes, on le conçoit, ne devaient pas être difficiles à duper; aussi mille intrigants sans naissance, jeunes débauchés perdus de dettes, exploitaient-ils à leur profit leur sotte vanité, en se parant effrontément de beaux noms et de grands titres; et, soit comme amants, soit comme époux, adonnés à toutes les mauvaises passions, ils ne tardaient pas à les précipiter dans une ruine complète. C'est cette fureur de noblesse dont les bourgeoises étaient possédées que Dancourt a reproduite et ridiculisée avec infiniment d'esprit et de gaieté dans *le Chevalier à la mode, les Bourgeoises de qualité,* et beaucoup d'autres ouvrages. Il excellait aussi à peindre la nature rusée des paysans, qui, sous une apparente bonhomie, cachent souvent la plus insigne malice. Mais on doit lui reprocher la monotonie de ses conceptions, le retour continuel dans toutes ses pièces des mêmes personnages et l'emploi des mêmes ressorts. Molière avait épuré le langage, Dancourt lui rendit presque son ancienne licence. Ici, l'influence des mœurs se fait sentir sur la comédie. On n'était point encore à la Régence, mais on y marchait à grands pas, et le cynisme se répandait dans les discours parce qu'il était déjà dans les actions. Les gravelures devenaient à la mode ; et Dancourt, comme bien des auteurs, servit le public selon son goût. Il reproduisit, sans doute, les mœurs de son temps, mais sans chercher à les corriger. Le plus souvent même, il jette du ridicule sur les personnages raisonnables de ses pièces qui devaient au moins, par leurs réflexions, flétrir la licence de ces mœurs. C'est que, peintre satirique fidèle, il manquait à Dancourt d'être de plus, comme l'était Molière, philosophe et moraliste.

Trop de gravelures déparent aussi le style de Regnard, d'ailleurs si brillant et si poétique. Ne demandez pas à notre second comique, non plus qu'à Dancourt, de se constituer le juge des mœurs de son temps pour les immoler en des peintures fortes et morales à la risée des spectateurs; il n'avait pas une ambition si haute; la sienne était surtout de faire rire, et l'on doit avouer qu'il sut parfaitement y réussir. On connaît la réponse de Boileau à cet aristarque sévère qui ne voyait dans

Regnard qu'un auteur médiocre : « Dans tous les
« cas, dit le satirique, il n'est pas médiocrement
« gai. » Mais il est une pièce de Regnard, *le Joueur*,
qui sort tout à fait du genre de ses autres compositions. Outre le principal caractère, développé
et soutenu jusqu'à la fin avec un art admirable,
on y remarque des personnages et des détails qui
donnent une idée des mœurs du temps. Le rôle
du marquis, quoique un peu forcé, est cependant
l'image de ces aventuriers qu'on voyait alors, à
l'aide d'un titre usurpé, s'introduire chez de vaniteux bourgeois dont ils séduisaient les femmes
par l'imitation du ton libre et de la galanterie cavalière et impertinente des gens de qualité. Ce
marquis-là n'est autre que l'Épine, le parent de
madame la Ressource, revendeuse à la toilette,
qui l'a soutenu, comme elle le dit elle-même,

> Quatre mois, sans reproche,
> Quand il vint à Paris, en guêtres, par le coche.

A l'en croire, cependant, sa noblesse date de
loin :

Mes aïeux sont connus; ma race est ancienne :
Mon trisaïeul était vice-bailli du Maine.
J'ai le vol du chapon : ainsi, dès le berceau,
Vous voyez que je suis gentilhomme manceau.

Mais l'amour fait descendre volontiers monsieur le marquis de sa haute sphère. Moi, j'aime, dit-il,

A pourchasser des beautés mitoyennes.
L'hiver, dans un fauteuil, avec des citoyennes,
Les pieds sur les chenets étendus sans façons,
Je pousse la fleurette et conte mes raisons.
Là, toute la maison s'offre à me faire fête :
Valets, filles de chambre, enfants, tout est honnête;
L'époux même discret, quand il entend minuit,
Me laisse avec madame et va coucher sans bruit.
Voilà comme je vis, quand parfois dans la ville
Je veux bien déroger.

Le goût du jeu, qui ne se rencontrait guère jadis que chez les gens de qualité, avait gagné toutes les classes. Valère constate le fait; et, dans un moment de veine heureuse, il y voit un singulier avantage pour les pauvres roturiers. Le jeu, dit-il,

> Rassemble tout; il unit à la fois
> Le turbulent marquis, le paisible bourgeois.
> La femme du banquier, dorée et triomphante,
> Coupe orgueilleusement la duchesse indigente ;
> Là, sans distinction, on voit aller de pair
> Le laquais d'un commis avec un duc et pair ;
> Et quoi qu'un sort jaloux nous ait fait d'injustices,
> De sa naissance ainsi l'on venge les caprices.

La scène du maître de tric-trac fait voir à quel point cette passion avait pu dégrader la jeunesse, puisqu'elle recevait les leçons inouïes de professeurs tels que M. Toutabas. A quoi bon, dit cet honnête homme, faire apprendre aux jeunes gens la musique et la danse ?

> Paîra-t-on des marchands la cohorte pressante
> Avec un vaudeville ou bien une courante ?
> Ne vaut-il pas bien mieux qu'un jeune cavalier
> Dans mon art au plus tôt se fasse initier ?
> Qu'il sache, quand il perd, d'une ardeur non commune,
> A force de savoir rappeler la fortune ;

Qu'il apprenne un métier qui, par de sûrs secrets,
En le divertissant l'enrichisse à jamais.
. . . . . . . . . . . . . . . . . . . . .
En suivant mes leçons on court peu de hasard.
Je sais, quand il le faut, par un peu d'artifice,
Du sort injurieux corriger la malice. . . . .

Mais si l'on ne rencontre pas dans les autres ouvrages de Regnard la peinture de mœurs et les éminentes beautés que renferme *le Joueur* et qui rendent cette pièce la plus digne d'être placée après celles de Molière, on est certain du moins d'y trouver toujours un inépuisable fonds de saillies, de traits comiques, de réparties inattendues, et le mérite si rare d'une versification chaleureuse, libre, originale et poétique : qualités précieuses qui justifient pleinement le haut rang que cet auteur occupe dans notre littérature.

Voltaire, dont l'esprit judicieux savait si bien apprécier les talents quand la passion ne l'égarait pas, a rendu un égal hommage à nos deux premiers poëtes comiques, en disant : « Qui ne

« se plaît point à Regnard n'est pas digne d'ad-
« mirer Molière. »

Les mœurs dissolues de la Régence se firent sentir, comme nous l'avons dit, bien avant la mort de Louis XIV. Ce prince, devenu vieux et tombé dans la dévotion, ne voulait point croire ou taxait d'exagération et de médisance ce qu'on lui rapportait des débauches du duc d'Orléans. « C'est, disait-il, un fanfaron de vices ; il vaut « mieux que sa réputation. » Par malheur cette réputation n'avait rien de calomnieux ; et le régent futur, entouré de jeunes libertins comme lui, ne donnait déjà que trop réellement le scandale d'une vie licencieuse et déréglée. C'est huit années environ avant sa prise de possession du gouvernement que parut une comédie dont le second titre seul atteste la décadence des mœurs de ce temps : *le Philosophe marié,* ou LE MARI HONTEUX DE L'ÊTRE. Est-ce pour mieux faire ressortir leur corruption que Destouches choisit pour son mari honteux précisément un sage dont l'esprit sans cesse fortifié par la lecture, la réflexion et le raisonnement, devait être dégagé des faiblesses vulgaires? Quelle société était-ce, en effet, que celle où le mariage excitait de telles railleries qu'un philosophe même n'osait les braver, et se voyait contraint, pour s'y soustraire, de cacher avec le plus grand soin les liens respectables et sacrés auxquels il devait le bonheur! Il est fâcheux que cet ouvrage, l'un des mieux conduits et des plus purement versifiés de Destouches, laisse une si grande incertitude sur le but qu'il s'était proposé d'atteindre en le composant. A-t-il voulu prouver le vain orgueil et l'impuissance de la philosophie en nous montrant un sage dont les discours sont si peu d'accord avec les actions, et qui, finalement, n'est pas moins esclave que les autres hommes des plus sots préjugés? Mais alors, au lieu de le rendre intéressant et de lui faire démentir en quelque sorte son caractère par la noble conduite qu'il tient à la fin de la pièce, il eût fallu qu'il ne cessât pas d'être ridicule, et que surtout il fût puni de sa coupable pusillanimité, non-seulement par la perte de l'héritage de son oncle, mais encore par celle de l'affection de sa femme, de cette honnête Mélite, que la nécessité où elle est, d'après ses ordres, de tenir caché son mariage, expose sans cesse à d'outrageants mépris. Chose singulière, les deux autres comédies de Destouches qui seules, avec *le Philosophe marié*, ont fondé sa réputation, *le Glorieux* et *le Dissipateur,* méritent le même reproche. Ni Cléon, après avoir follement dissipé ses biens, ni le comte de Tufière, rougissant de son père malheureux et poussant la vanité jusqu'à le faire passer pour son intendant, ne reçoivent la punition qui leur est due. Pour *le Glorieux*, ce fut, dit-on, contre la volonté de l'auteur, qui dut céder aux exigences du comédien Dufresne, et changer son dénouement, ce comédien ayant déclaré ne vouloir point se charger du rôle principal si son personnage était humilié. Mais pour *le Dissipateur*, c'est de son plein gré qu'il lui fait recouvrer tous ses biens à la fin de la pièce, et que de plus il l'unit à celle qu'il aime. Destouches se félicite même de n'avoir point avili son héros après la consommation de sa ruine. Il prête, en effet, cette fière réponse à Cléon, que l'un de ses faux amis engage à vivre désormais d'emprunts :

> Les hommes tels que moi tombent dans la misère,
> Mais ne dégradent pas leur noble caractère.

Et, pour le tirer de l'abîme où sa dissipation l'a plongé, l'auteur, par une bizarre appréciation des choses, trouve moins dégradant de le faire recourir au suicide ! C'était, au contraire, il nous semble, de l'abaissement du vaniteux Cléon qu'il eût fallu faire sortir une leçon utile. Malgré ses défauts, *le Dissipateur* a de grands partisans, qui n'estiment pas moins cet ouvrage que *le Glorieux*. Ils y admirent surtout la création du rôle de Géronte. Petitot la trouve d'autant plus remarquable, « que Molière, dit-il, semblait avoir
« épuisé dans le caractère d'Harpagon tous les
« traits saillants qui peuvent échapper à un
« avare. La théorie de Géronte sur l'avarice peut
« être considérée comme un modèle de naturel

« et de diction. » L'éloge nous paraît exagéré. Les raisonnements de Géronte sont très plaisants sans doute, mais ils ont à nos yeux un grand défaut, c'est de ne point reposer sur la vérité. Un avare, en effet, peut-il parler ainsi :

> Plus on aime l'argent et moins on a de vices;
> Le plaisir d'entasser vaut seul tous les plaisirs.
> Dès qu'on sait que l'on peut contenter ses désirs,
> Qu'on en a les moyens, notre âme est satisfaite...
> De tout ce que je vois je puis faire l'emplète,
> Et cela me suffit. J'admire un beau château...
> Il ne tiendrait qu'à moi d'en avoir un plus beau,
> Me dis-je... J'aperçois une femme charmante...
> Je l'aurai si je veux, et cela me contente.
> Enfin, ce que le monde a de plus précieux,
> Mon coffre le renferme et je l'ai sous mes yeux,
> Sous ma main; et par là, l'avarice qu'on blâme,
> Est le plaisir des sens et le charme de l'âme.

Il dit encore :

> La canaille,
> Quand je passe, m'insulte et me siffle souvent;
> J'entre, j'ouvre mon coffre, et puis mon cher argent
> Me console... J'en ai de quoi remplir deux pipes...

> Outre cet argent-là, mes meubles et mes nippes,
> J'ai de revenu clair trois cents bons mille francs,
> Et n'en dépense pas trois mille tous les ans :
> Aussi, mon tas s'accroît, il se renfle.....

Pasquin lui dit que son neveu est devenu fort avare. Il n'en veut rien croire. Pasquin ajoute, pour le persuader :

> Oui, monsieur, savez-vous qu'à présent on le nomme
> Le petit Harpagon?

A quoi le vieillard répond : « Vous me flattez. » Tout cela ne nous semble guère dans la nature. Géronte peut-il ignorer quelle réprobation inspire généralement l'avarice? Ne sait-il pas que partout elle est flétrie comme un vice détestable? Or, on n'avoue point qu'on est vicieux, et l'on s'en glorifie encore bien moins. « La femme la « plus aventurée, dit Beaumarchais, sent en elle « une voix qui lui dit : Sois considérée, il le « faut. »

Les hommes les plus dégradés par leurs passions ne sentent pas moins ce besoin de considération, et le plus âpre Harpagon de la terre se récrierait si vous le traitiez d'avare. Ce dont il conviendra, c'est d'être économe, prudent et sage. Était-il moral, d'ailleurs, de montrer sur la scène *un avare heureux*, et de le douer de cette sorte de philosophie ou de cynisme qui lui fait braver la vindicte publique? L'Harpagon de Molière est un homme dont les immenses richesses, loin de contribuer à son bonheur, ne servent qu'à le tourmenter. Elles attisent sans cesse chez lui l'ardeur de les accroître, et le font vivre dans de perpétuelles angoisses par la crainte qu'il a de les perdre. Voilà les véritables effets de l'avarice.

On a, de nos jours, été plus loin encore que Destouches. D'après le beau roman de M. de Balzac, *Eugénie Grandet*, des auteurs, d'infiniment d'esprit cependant, ont mis au théâtre un avare dont l'amour se partage, pour ainsi dire, entre ses richesses et sa fille : comme si, de toutes les passions, l'avarice n'était pas la plus desséchante et la plus exclusive. Il caresse son enfant, il la prend sur ses genoux, et ses marques d'affection sont de nature à le rendre intéressant. L'avare de Molière n'a pas, il s'en faut, la même tendresse pour les siens. Comme ils lui sont à charge et qu'il n'aspire qu'à s'en débarrasser, il les brutalise sans cesse. Dépourvu de tous bons sentiments pour eux, il ne leur en suppose que de bas et de vils. Voyant son fils et sa fille se consulter par gestes, avant de lui parler : « Je crois, dit-il « à part, qu'ils se font signe l'un à l'autre de me « voler ma bourse. » Étonné de la mise élégante de son fils : « Il faut bien, lui dit-il, pour aller « vêtu de la sorte, que vous me dérobiez. Où « pouvez-vous donc prendre de quoi entretenir « l'état que vous portez? — C'est que je joue, lui « répond son fils, et que je mets sur moi tout l'ar-« gent que je gagne. » Vous croyez qu'Harpagon indigné va remplir ici son devoir de père, chapitrer vertement son fils sur le goût déshonnête auquel il se livre, et lui montrer enfin tous les dangers de la passion du jeu. Point du tout; il n'est frappé que d'une seule chose, c'est du gain qu'il peut procurer, et de la ressource dont il peut être pour son fils ; aussi se borne-t-il à lui dire : « C'est fort mal fait à vous ; si vous êtes heureux « au jeu, vous en devriez profiter, et mettre cet « argent à honnête intérêt, afin de le trouver un « jour. » Sa fille qui le voit furieux contre Valère, son amant, parce qu'il le suppose être l'auteur du vol de sa cassette, se jette à ses pieds, et, pour l'attendrir, lui rappelle « que c'est lui, Valère, « qui la sauva de ce grand danger qu'elle courut « dans l'eau... — Eh ! que m'importe cela ? répond « Harpagon ; il valait bien mieux pour moi qu'il « te laissât noyer que de faire ce qu'il a fait. » Voilà les sentiments paternels d'un avare.

Il est très louable, sans doute, de chercher à présenter sous un autre aspect des caractères déjà mis au théâtre, et d'enrichir ainsi la scène de physionomies nouvelles ; mais on ne doit pas pour cela tomber dans le faux, ou peindre des individualités bizarres et exceptionnelles. *Le Dissipateur* n'en est pas moins un ouvrage très remarquable. On y trouve beaucoup d'intérêt et de mouvement. Le marquis ivrogne et libertin, les femmes d'humeur galante, les vils parasites dont se compose la société de Cléon, et que la passion du jeu anime de la même ardeur, donnent bien une idée de ce temps de désordre et de corruption.

Cependant cette période de la régence, que ses saturnales de débauches ont rendue si tristement célèbre, ne se trouve, pour ainsi dire, qu'esquissée dans Regnard, Dancourt et Destouches. Il était réservé à Le Sage de la peindre à grands traits, et son *Turcaret* en est la satire la plus sanglante, parce qu'il en reproduit le plus fidèlement les mœurs. On peut dire que Le Sage a été le véritable historien de cette époque. Le système de Law, avec sa création des billets de banque, ne fut pas seulement désastreux pour les finances, il porta aux mœurs l'atteinte la plus sensible, en répandant parmi toutes les classes le goût funeste de l'agiotage. Les richesses, tombées tout à coup aux mains d'hommes grossiers, les avaient dépravés entièrement; et pour se venger du mépris dont ils se sentaient l'objet, ils s'abandonnaient sans pudeur et sans retenue à toutes leurs mauvaises passions. Quel frein aurait pu les arrêter, lorsque l'exemple de la licence et de la débauche venait d'en haut? L'amour du luxe et le besoin des plaisirs étaient tels que, pour les satisfaire, des grands seigneurs mettaient à prix leurs liaisons amoureuses, et que des femmes de qualité ne se montraient pas moins intéressées, en se prostituant, que les plus avides courtisanes.

On a dit que l'hypocrisie était un hommage rendu à la vertu : hélas ! la vertu était si méprisée alors qu'on se croyait même dispensé de lui rendre cet indigne hommage. Le Sage, avec une incomparable vigueur, avec une vérité souvent effrayante, a mis en action tous ces vices; il en a fait la satire à la fois la plus amère et la plus récréative, et le trait qui termine sa comédie est le coup de grâce porté à la race des traitants :

« Voilà, dit le fourbe Frontin, nanti des quarante
« mille francs extorqués à la baronne, voilà le
« règne de M. Turcaret fini, le mien va commen-

« cer. » On a reproché à l'auteur de n'avoir présenté dans sa pièce qu'une réunion de débauchés et de fripons, et le reproche paraît d'autant mieux fondé, que plusieurs historiens s'accordent à dire qu'à l'époque peinte par Le Sage, « il existait en-« core une bonne bourgeoisie qui faisait plus de « cas de sa réputation que de tout l'or des agio-« teurs. » Ce n'est pas seulement à titre de contrastes que l'introduction des personnages honnêtes est nécessaire dans les comédies, c'est surtout parce qu'elle donne aux auteurs une plus grande latitude pour atteindre le but moral qu'ils doivent toujours se proposer. C'est déjà beaucoup, sans doute, que d'humilier le vice et que de rendre son humiliation comique, comme le fait Le Sage; mais ce n'est pas assez peut-être. Molière, du moins, a fait plus encore. Il ne se borne pas à peindre nos vices et nos travers, il peint l'humanité tout entière, c'est-à-dire les individus bons et raisonnables, aussi bien que les méchants et les ridicules. Il ne veut pas qu'on évite seulement d'être les seconds, mais bien qu'on aspire à devenir les premiers ; et c'est dans ce but qu'il place sous nos yeux les exemples les plus séduisants. Ainsi, à côté du crédule Orgon, que le fanatisme religieux rend presque cruel, et de cet infâme Tartufe, le plus odieux des hommes, il nous montre le véritable dévot, le sage Cléante et l'aimable Elmire, le modèle des épouses, alliant aux principes les plus sûrs la grâce, l'esprit, le savoir-vivre de la femme du monde,

> Qui n'est pas de ces prudes sauvages
> Dont l'honneur est armé de griffes et de dents,
> Et veut au moindre mot dévisager les gens ;

qui, douée d'une haute raison comme d'un grand courage, surmonte ses honnêtes scrupules, et se résigne à feindre pour un misérable des sentiments amoureux, parce qu'elle sait bien que c'est le seul moyen de lui arracher son masque et d'en délivrer sa famille. A côté de la perfide Célimène et du malheureux Alceste, égaré par une noble folie, il place le raisonnable Philinte et la douce Éliante. Près de l'avide Béline, si ravie de la mort de son époux, nous voyons l'intéressante Angélique, dont cette mort fait éclater l'amour filial. Enfin, il oppose à l'orgueilleuse et pédante Armande l'aimable Henriette, exempte de cette vanité si commune aux jeunes filles; qui, pour n'être recherchée de Clitandre qu'au refus de sa sœur, ne l'en estime pas moins; dont l'esprit judicieux se montre dans ses actions comme dans ses paroles, et particulièrement à la fin de la pièce, lorsque, dupe du stratagème employé pour dessiller les yeux de sa mère au sujet de Trissotin, elle croit à la ruine de sa famille et ne veut plus épouser son amant. Je sais, lui dit-elle,

> Le peu de bien que vous avez, Clitandre;
> Et je vous ai toujours souhaité pour époux,
> Lorsqu'en satisfaisant à mes vœux les plus doux
> J'ai vu que mon hymen ajustait vos affaires;
> Mais lorsque nous avons des destins si contraires,
> Je vous chéris assez dans cette extrémité
> Pour ne vous charger point de notre adversité.

. . . . . . . . . . . . .

Des retours importuns évitons le souci.
Rien n'use tant l'ardeur de ce nœud qui nous lie
Que les fâcheux besoins des choses de la vie ;
Et l'on en vient souvent à s'accuser tous deux
De tous les noirs chagrins qui suivent de tels feux.

On a toujours très mauvaise grâce à censurer les chefs-d'œuvre, et certes *Turcaret* en est un ; mais puisque, parmi les chefs-d'œuvre même, on en trouve de supérieurs les uns aux autres, il faut bien dire en quoi cette supériorité consiste.

### DEUXIÈME PÉRIODE.

Après ces écrivains remarquables, la comédie dégénère. La Chaussée et Marivaux, négligeant l'étude des mœurs, s'ouvrent des voies nouvelles : l'un crée la comédie sentimentale, l'autre la comédie romanesque. Doué d'un esprit observateur et fin, Marivaux semble prendre à tâche de la gâter. Il subtilise sur tout ; et son style, auquel il laisse son nom, et dont quelques-uns exaltent l'originalité, enrichit le dictionnaire du mot *marivaudage*, qui cependant, loin d'être pris en bonne part, sert à qualifier toute manière d'écrire raffinée, mignarde et métaphysique. Mais ce style n'a-t-il point sa signification? L'influence des mœurs du temps ne s'y fait-elle pas sentir? Et la recherche, le précieux, le ton de fade galanterie qui le caractérisent, ne donnent-ils pas une idée de cette société frivole et efféminée où de charmants abbés soupiraient leurs romances dans les boudoirs en s'accompagnant de la guitare, tandis que de jeunes et brillants colonels y brodaient de la tapisserie? Toutefois le mérite de Marivaux ne peut se contester. Habile à saisir les nuances délicates du cœur des femmes, il excelle dans leur peinture, et, sous ce rapport, plusieurs de ses ouvrages, *les Fausses confidences*, entre autres, resteront certainement au répertoire. Ses combinaisons dramatiques ne sont guère plus vraies que son style, et néanmoins elles séduisent par le grand art avec lequel il sait les mettre en œuvre. On pourrait dire de cet auteur que c'est un fort habile bijoutier, mais qui ne travaille que dans le faux.

Avec Piron et Gresset la comédie se relève. *La Métromanie* n'offre aucune peinture de mœurs, mais le principal caractère, et celui très plaisant de Francaleu, admirablement soutenus jusqu'à la fin, l'excellent comique des détails, l'originalité des situations, et surtout l'incomparable éclat du style, placent cet ouvrage au rang de nos plus belles comédies. Quels nobles sentiments l'auteur a prêtés à son métromane, et dans quel magnifique langage il les lui fait exprimer! Damis, dont l'unique ambition est d'acquérir une grande renommée, résiste aux volontés de son oncle, et s'obstine à ne vouloir point suivre la carrière du barreau où l'intérêt lui semble trop mêlé à la gloire. Non, dit-il,

<small>Ce mélange de gloire et d'argent m'importune ;
On doit tout à l'honneur et rien à la fortune.
Le nourrisson du Pinde, ainsi que le guerrier,
A tout l'or du Pérou préfère un beau laurier.</small>

Les idées sur ce point sont un peu différentes

aujourd'hui; et ce qui se pratique dans notre littérature, les marchés conclus pour livrer à époques fixes tels romans à tant la ligne, ou telles comédies moyennant fortes primes, attestent que si nos auteurs ont pour la gloire le même enthousiasme que Damis, ils ne partagent pas tout à fait ses scrupules à l'égard de la rémunération.

Le caractère du méchant, plus que celui du métromane, prêtait à la peinture des mœurs. Le besoin de dénigrer et d'exercer sa malice sur toutes choses doit naturellement porter celui qui l'éprouve à relever les vices et les travers du temps où il vit, non pour s'en indigner et les flétrir, comme le ferait un honnête homme, mais plutôt pour les excuser ou s'en divertir. Gresset le comprit, et le héros de sa pièce s'acquitte on ne peut mieux de ce soin. Tous les discours, toutes les opinions de Cléon font sentir à merveille le changement qu'avaient apporté dans les mœurs la confusion des rangs et l'esprit de société devenu plus général. Un ton léger et persifleur, une affectation d'insouciance pour tout ce qui touchait à la morale, avaient, en effet, remplacé le cynisme du langage et les nuances tranchantes qui caractérisaient les mœurs du siècle précédent.

Le croirait-on, ce que l'on a si justement admiré dans ce bel ouvrage : la franchise du comique, les oppositions habilement ménagées, les caractères bien tracés, la peinture des mœurs, le style libre, vif, élégant et pur, rempli d'une foule de vers charmants que chacun a retenus, tous ces mérites sont contestés par Voltaire. Voici ce qu'il dit du *Méchant* dans sa satire du *Pauvre Diable :*

> Un vers heureux et d'un tour agréable
> Ne suffit pas ; il faut une action,
> De l'intérêt, du comique, une fable,
> Des mœurs du temps un rapport véritable
> Pour consommer cette œuvre du démon.

Ce n'était pas sans doute le manque de lumières qui faisait ainsi parler Voltaire, mais bien la haine. Il en voulait à Gresset devenu dévot. Il ne lui pardonnait pas surtout le regret qu'il exprima, dit-on, d'avoir composé des comédies ; et le grand philosophe ne l'était pas assez pour oublier ses rancunes, alors même qu'il se constituait le juge de son ennemi, ce dont le moindre sentiment d'équité cependant aurait dû lui faire un devoir en pareil cas.

La sévérité de Voltaire, si l'on n'en connaissait pas la cause, paraîtrait d'autant plus étrange que, s'étant essayé lui-même dans la comédie, il n'y réussit point. Sa pièce de *Nanine,* qui seule est restée au théâtre et qui participe moins de ce genre que du drame, mérite néanmoins de fixer l'attention, non parce que les beaux sentiments dont elle offre la peinture reproduisent les mœurs du temps (on vivait alors sous le règne de la Pompadour, c'est tout dire), mais parce qu'elle signale ce mouvement rapide imprimé par la philosophie moderne à la marche des idées, et les changements extraordinaires qu'elle avait opérés déjà dans certains esprits. On y voit, en effet, un grand seigneur, le comte

d'Olban, qui, loin de penser, à l'exemple des Moncade ses prédécesseurs, qu'il déroge et s'avilit en s'alliant à la fille d'un villageois, croit au contraire s'honorer beaucoup et rehausser sa dignité. « Ainsi, sous le règne de Molière,
« comme le fait observer Étienne, la bourgeoisie
« cherche à s'élever ; sous le siècle de Voltaire,
« c'est la noblesse qui aspire à descendre : l'un a
« fait M. Jourdain, le bourgeois gentilhomme ;
« l'autre a fait le comte d'Olban, le gentilhomme
« bourgeois. »

### TROISIÈME PÉRIODE.

Toutefois l'esprit philosophique, cet esprit d'investigation, d'analyse et de réforme qui caractérise la fin du dix-huitième siècle, n'influe point sur la comédie de ce temps, et les Dorat, les Lanoue, les Demoustiers ne sont que les pâles continuateurs de Marivaux, de La Chaussée et de Boissy. Mais Beaumarchais paraît, et bientôt il donne à la comédie une physionomie nouvelle,

en l'animant de toutes les passions de l'époque.
Le public se porte en foule au *Barbier de Séville*,
au *Mariage de Figaro*, non pas seulement parce
que les situations originales et la gaieté de ces
ouvrages l'intéressent et l'amusent, mais parce
qu'il y trouve formulés d'une façon spirituelle
ses griefs contre les hautes classes, et les mille
abus de l'ancien régime. Les traits qui les atteignaient nous semblent moins piquants depuis que
deux révolutions ont consacré les droits de chacun et fait reposer l'édifice social sur des bases
plus équitables ; mais pour juger de l'immense
effet qu'ils produisirent, il faut se reporter au
temps où les sept huitièmes de la nation avaient
encore à souffrir cruellement de ces abus. Lorsque les grands emplois, les hauts grades de l'armée étaient le partage exclusif des gens titrés,
pouvait-on sans plaisir entendre Figaro s'écrier,
dans sa colère contre son maître : « Parce que
« vous êtes un grand seigneur, monsieur le
« comte, vous vous croyez un grand génie! No-
« blesse, fortune, un rang, des places, tout cela

« rend si fier! Mais qu'avez-vous fait pour tant
« de biens? Vous vous êtes donné la peine de
« naître, et rien de plus!» Lorsqu'une censure
méticuleuse rendait dérisoire le peu de liberté
accordé à la presse, pouvait-on ne pas rire aussi
de Figaro journaliste à qui l'on avait dit « que,
« pourvu qu'il ne parle en ses écrits ni de l'auto-
« rité, ni du culte, ni de la politique, ni de la
« morale, ni des gens en place, ni des gens en
« crédit, ni de l'Opéra, ni des autres spectacles,
« ni de personne enfin qui tienne à quelque chose,
« il pouvait tout imprimer librement...., sous
« l'inspection de deux ou trois censeurs. » Enfin
le personnage de Bridoison ne devait-il pas exciter de toutes parts des bravos railleurs, quand
la vénalité des charges exposait encore à rencontrer pour juge de son procès un sot de cette
espèce?

Deux cents représentations consécutives du
*Mariage de Figaro* n'épuisèrent point la curiosité
parisienne, et, sans partager l'opinion de ce lit-
térateur chagrin qui trouve dans cet ouvrage le

germe de tout ce que la Révolution a depuis accompli, « la destruction de la noblesse et de la « magistrature, le mépris pour tout ce qui était « respecté, la haine pour tout ce qui pouvait ré- « primer les passions, l'apologie de tous les « vices, etc., » on ne peut nier qu'il n'ait exercé une grande influence sur l'esprit public de ce temps, et nombre d'individus exaltés durent se faire des traits satiriques des réparties mordantes et des sarcasmes qu'il renferme, des arguments puissants pour se précipiter dans le parti qui leur semblait devoir le plus vite mettre un terme à d'intolérables abus.

Les ruses féminines, si délicatement peintes dans le délicieux rôle de Rosine, avaient déjà montré le grand esprit d'observation de Beaumarchais à l'égard des femmes. Les personnages de la comtesse Almaviva et de Suzanne, dans la fameuse scène du second acte du *Mariage de Figaro*, achevèrent de prouver la parfaite connaissance qu'il possédait de leur cœur. Pourquoi faut-il que cette scène, vrai chef-d'œuvre d'exécu-

tion, offre, sans motif, un tableau d'une volupté
si licencieuse ! Lorsqu'il est arrivé à Molière de
pécher contre la décence, ce n'a jamais été du
moins gratuitement : c'était dans l'espoir de
mieux atteindre le but moral qu'il se proposait.
On lui a fait un juste reproche d'avoir, dans
*George-Dandin,* montré une femme mariée manquant à ses devoirs. La scène où Clitandre prend
congé d'Angélique, après avoir passé une partie
de la nuit chez elle en l'absence de son mari, est
sans doute d'une grande inconvenance ; mais
enfin elle a pour but de rendre plus complète la
punition d'un paysan assez sot, assez vain pour
s'être mis en tête d'épouser, sans même la consulter, ce que l'on appelait autrefois une *demoiselle*. Le comique de situation se fait surtout remarquer dans les ouvrages de Beaumarchais.
C'est, en effet, celui qui convient le mieux au
genre imbroglio qu'il a traité. Le plus souvent ce
comique est fort original, comme dans la scène
du *Barbier de Séville,* où Basile, stupéfié par tout
ce qu'il entend, prend congé de la compagnie,

sur le conseil que chacun lui donne de s'aller coucher. Mais parfois il est peu naturel, comme dans le cinquième acte du *Mariage,* où, pour se duper les uns les autres, les acteurs sont obligés de contrefaire leur voix. Chérubin et le comte Almaviva ne reconnaissent pas la comtesse qui prend la voix de Suzanne ; Figaro ne reconnaît pas Suzanne qui prend la voix de la comtesse ; et pas un non plus des personnages enfermés dans le pavillon ne se reconnaissent à la voix.

Le style de Beaumarchais est vif, brillant, animé, mordant, spirituel et gai, mais il n'est pas toujours exempt de mauvais goût ni même de jargon.

La comtesse Almaviva parle de se retirer dans un couvent. « Je suis sûre, dit Suzanne, que le « jour du départ sera la veille des larmes. » Figaro répond à sa fiancée, qui lui promet de l'aimer beaucoup : « Ce n'est guère ; en fait d'amour, « vois-tu, trop n'est pas même assez. » Ceci est du pur Marivaux. Orgon, en effet, dans *le Jeu de l'amour et du hasard,* dit à sa fille : « Qu'ici-bas il

« faut être trop bon pour l'être assez. » Le comte Almaviva demande à son ancien valet ce que c'est que le docteur Bartholo. « C'est, lui répond-il, « un beau, gros, court, jeune vieillard, gris-pom-« melé, rusé, rasé, blasé, qui guette et furette, et « gronde et geint tout à la fois. » Rusé, d'accord. Bartholo l'est, en effet; mais que signifie rasé? On ne le devine guère. Pour blasé, rien n'indique que Bartholo le soit; et l'ardeur avec laquelle il recherche Rosine ferait plutôt supposer le contraire. C'est donc dans l'accumulation de syllabes de même consonnance que réside le comique de cette phrase; c'est là une triste recherche. Figaro dit encore : « Il m'a presque enfiévré « de sa passion, moi, qui n'y ai que voir. » Et dans le quatrième acte du *Mariage* : « Depuis « qu'on a remarqué qu'avec le temps vieilles fo-« lies deviennent sagesse, et qu'anciens petits « mensonges assez mal plantés ont produit de « grosses, grosses vérités, on en a de mille es-« pèces, etc. » Somme toute, et comme ce n'est pas l'absence de défauts qui fait les hommes et les œuvres remarquables, Beaumarchais est digne d'être mis au rang de nos meilleurs comiques. De tous les écrivains de ce genre, il est le seul, depuis Molière, dont les ouvrages, en reproduisant les mœurs du temps, ont si fortement réagi sur elles.

### QUATRIÈME PÉRIODE.

La période comprenant la fin du règne de Louis XVI et la République ne nous laissera que peu de choses à dire sur la comédie. Au milieu des graves événements et des péripéties sanglantes de ces temps funestes, aurait-elle pu conserver aucuns traits de sa physionomie? Le théâtre ne semblait être alors qu'une sorte d'arène politique ouverte aux auteurs pour combattre les adversaires de la révolution et propager les principes républicains. Malheureusement l'amour de la patrie et la haine du despotisme n'étaient pas toujours les seuls sentiments que l'on y exaltait; ou du moins, dans certains ouvrages, ces sentiments mal compris et mal interprétés, loin d'exercer sur l'esprit du peuple une influence salutaire, tendaient plutôt à le corrompre. C'est ainsi que, dans une abominable pièce, la modération était tournée en ridicule, vilipendée, présentée même comme criminelle; et l'on insinuait que pour se montrer bon patriote, et faire acte de civisme, il fallait dénoncer au terrible tribunal tous ceux dont les opinions pouvaient être suspectées de tiédeur. Par une bizarrerie des plus étranges, à côté de ces monstruosités, on voyait représenter des comédies gracieuses et galantes : *le Conciliateur, les Femmes, la Belle Fermière*, etc. ; et d'autres beaucoup plus dignes d'intérêt, parmi lesquelles il faut surtout distinguer : *le Philinte de Molière* et *le Vieux Célibataire*. Ces ouvrages, on doit le supposer, avaient été conçus, sinon exécutés, antérieurement à la révolution. Dans tous les cas, comme les personnages et les mœurs qu'ils reproduisent appartiennent à un autre temps, nous ne croyons pas, malgré leur mérite, qu'il soit nécessaire de nous y arrêter.

### CINQUIÈME PÉRIODE.

Mais si les époques de bouleversements politiques et sociaux ne peuvent être que fatales à la comédie, combien en revanche lui sont favorables celles qui les suivent, alors que la tempête est apaisée, le fleuve rentré dans son lit, et qu'un pouvoir régulier a succédé à l'anarchie ! Que de métamorphoses plaisantes et dignes du théâtre ne voit-on pas alors s'opérer ? C'est ce qui arriva sous l'Empire. L'ambition et l'intérêt, ces éternels mobiles humains, firent bientôt tomber aux pieds du nouveau César les plus fiers et les plus farouches républicains, heureux d'échanger leur bonnet rouge contre quelque titre nobiliaire ; et ceux-là mêmes que naguère on avait vus se prononcer avec le plus de véhémence pour le nivellement complet de la société étaient aujourd'hui les plus ardents à demander la création d'une nouvelle noblesse. Par malheur, la peinture de ces revirements subits, véritable bonne fortune pour les auteurs comiques, leur fut interdite. Avec le pouvoir impérial s'était établie une censure fort pointilleuse sur tout ce qui touchait à la politique, c'est-à-dire sur ce qu'il y avait alors de plus plaisant et de plus moquable dans les mœurs. Toutefois, malgré cette interdiction fâcheuse, un jeune auteur heureusement doué, et qui devait un jour devenir célèbre, Picard, sut trouver encore dans les ridicules et les travers qu'il était permis d'attaquer de quoi défrayer largement le théâtre. La plupart de ses comédies, dont les titres rappellent de brillants succès, sont là pour l'attester. *Médiocre et rampant, l'Entrée dans le monde, les Ricochets, les Marionnettes, Duhaucour, la Manie de briller,* etc., peignent fort bien les époques du Directoire, du Consulat et de l'Empire, dont les mœurs étaient aussi fugitives que les gouvernements que l'on voyait alors se succéder les uns aux autres. Plus profond, plus varié que Dancourt, Picard a cependant de l'analogie avec lui. Il n'a peint aussi qu'une classe de la société, celle des petits bourgeois; et son théâtre, comme celui de Dancourt, a de la monotonie. Il semble que les mêmes individus, placés dans les mêmes situations et animés des mêmes sentiments, s'y montrent sans cesse. Les principaux rôles de ses pièces sont presque toujours des tatillons à la parole déliée, et les autres personnages participent trop de leur caractère. On peut encore reprocher à Picard le laisser-aller de son style, bien qu'il trouve à sa prose « un cachet d'originalité qui tout d'abord, « dit-il, doit la faire reconnaître. » Sans doute elle est exempte de manière et de mauvais goût; elle est libre et coulante, mais peut-être vaudrait-il mieux qu'elle ne le fût pas autant. On a reproché à Marivaux son style trop travaillé, celui de Picard ne l'est peut-être pas assez. Tous ses personnages sont trop diserts, et généralement ils parlent moins qu'ils ne bavardent. Mais la finesse et la profondeur de ses aperçus, la fidélité de ses peintures de mœurs, sa verve, son entrain et sa gaieté le placent au premier rang de nos auteurs du second ordre. Pigault-Lebrun appelait Picard le philosophe enjoué : c'est une qualification qu'il mérite à tous égards.

Dans cette période de l'Empire, si méprisée de nos critiques actuels, sous le rapport des arts, et que l'on croirait, aux sarcasmes dont ils la poursuivent, avoir été déshéritée de tous talents, nous trouvons après Picard un autre auteur comique des plus recommandables, c'est Étienne. Sa comédie des *Deux Gendres*, qui lui ouvrit les portes de l'Institut, fut jugée alors, par les vieux amateurs de théâtre, digne d'être comprise parmi les plus belles du répertoire ; et nous pensons que la postérité n'infirmera pas leur jugement. Le sujet de cette pièce présentait de graves difficultés. Pour rendre complète la punition des deux gendres ingrats, il fallait qu'en dépit de leur avidité ils fussent contraints de restituer à leur trop faible beau-père tous les biens dont ils l'avaient dépouillé. Mais comment les y amener d'une manière naturelle? L'auteur, par une combinaison aussi heureuse que profonde, s'en assura les moyens, en prenant ses deux gendres dans la classe des ambitieux qui dépendent de l'opinion, qui la redoutent, qui tremblent devant elle et qui par conséquent ont le plus grand intérêt à la ménager. Tels sont, en effet, Dalainville et Dervière, que la crainte de voir rendre publique leur ingratitude réduit à cette cruelle extrémité de venir eux-mêmes remettre aux mains du vieillard l'acte de restitution qui doit tant coûter à leur âme cupide. La peinture des mœurs n'est pas un des moindres mérites de cette belle comédie ; elle les reproduit fidèlement dans ses principaux personnages et dans ses détails. L'hypocrite Dervière est le type des faux philanthropes de cette époque, dont la bruyante charité cachait le plus souvent des vues intéressées. Répand-on des bienfaits, dit l'honnête Dupré,

Il faut qu'un journaliste
Dans sa feuille aussitôt en imprime une liste.
La charité jadis s'exerçait sans éclat :
A Paris maintenant on s'en fait un état.

Le personnage de Dalainville offre bien la peinture de ces ambitieux, si communs alors, pour qui

> Un tort caché n'est rien ; la chose principale
> Est de ne point donner de sujet de scandale ;

qui, dans maintes circonstances, réglant leur conduite, non d'après les principes éternels de la morale, mais sur l'opinion des gens d'un certain monde, savaient la subordonner à leur intérêt. C'est ainsi que ce Dalainville contraint sa femme à recevoir une intrigante titrée, dont la vertu est plus que suspecte ; et quand sa femme lui demande si, en raison de sa mauvaise réputation, elle peut l'admettre dans sa société, il répond :

> Sans contredit.
> On en parle assez mal, mais elle a du crédit :
> Elle est très recherchée, en tous lieux on l'invite ;
> On aime sa personne en blâmant sa conduite.
> Cela paraît d'ailleurs arranger son époux ;
> Le public plus que lui doit-il être jaloux ?

Madame Dalainville, de son côté, donne bien l'idée de ces femmes légères et frivoles à qui l'amour du luxe et des plaisirs faisait négliger leurs devoirs les plus essentiels. Les défauts des maîtres échappent rarement aux domestiques, aussi le vieux Comtois ne manque-t-il pas de dire à M. Dupré :

> Le jour de votre fête, elle n'est point venue ;
> Je n'en suis pas surpris. Comment l'auriez-vous vue ?
> Madame à son hôtel avait spectacle et bal ;
> Le soir elle jouait dans *l'Amour filial ;*
> Et vous concevez bien qu'une aussi grande affaire
> Ne lui permettait pas de songer à son père.

Les banqueroutes se multipliaient alors d'une manière effrayante; d'habiles négociants s'en faisaient un moyen de fortune, en ayant soin de passer à l'avance sur la tête de leur femme ou de quelque parent le plus clair de leurs biens. Le jeune Charles, ruiné par une de ces faillites, vient en annoncer la nouvelle à son protecteur. J'ai vu, dit-il, le banquier qui m'enlève toutes mes économies :

> Lui-même ce matin m'a conté son malheur :
> Vous voyez, m'a-t-il dit, l'excès de ma douleur ;

Après un tel revers, il faut que je m'exile ;
Mais dans le monde, hélas ! je n'ai plus un asile ;
De la pitié d'autrui me voilà dépendant.
Il s'élance à ces mots dans un char élégant,
En ajoutant, d'un ton qui m'a pénétré l'âme :
Je vais m'ensevelir au château de ma femme.

Étienne, par malheur, ne put jamais accorder au théâtre que ses moments de loisir. Jeune, sa position de fortune lui fit une nécessité de remplir des emplois qui absorbaient tout son temps ; et plus tard, on le sait, il se consacra presque entièrement à la politique. C'est pourquoi tant de productions légères, opéras et vaudevilles, composent la majeure partie de son bagage dramatique. Néanmoins *les Plaideurs sans procès, Brueis et Palaprat, la Jeune Femme colère*, et surtout *les Deux Gendres*, suffisent pour le placer au rang de nos bons poëtes comiques.

### SIXIÈME PÉRIODE.

Sous la Restauration, les mœurs ne tardent pas à se modifier d'une manière sensible. Des passions politiques surgissent tout à coup du nouvel ordre de choses, et avec elles, selon la coutume, la violence, l'injustice et la discorde. Mais les opinions qui, plus tard, doivent se subdiviser à l'infini, et s'isoler les unes des autres, se groupent pour le moment en masses compactes, et ne font naître dans toute l'étendue de la France que deux factions ennemies, celles des royalistes et des bonapartistes. Cette époque de réaction, si féconde en revirements, en apostasies de toute espèce, où les contrastes les plus singuliers frappent incessamment les yeux, demanderait, pour en bien faire apprécier la physionomie, une peinture développée et précise dans ses moindres détails; le plan que nous avons dû adopter nous l'interdit, et ne nous permet que d'en esquisser les traits principaux.

Les dissentiments politiques que l'on voit éclater jusque dans le sein des familles en brisent tous les liens; ils y engendrent des haines si profondes et si implacables, que des pères et leurs enfants ne peuvent plus habiter le même toit.

Les coryphées du parti royaliste, les émigrés, rentrés en France à la suite des Bourbons, et à qui les princes de cette famille, pour prix de leurs services et de leur dévouement, ont partagé ou restitué les plus hauts emplois, dissimulent à peine leur mépris pour les hommes et les choses de l'Empire; ils affectent, en outre, des airs de triomphe tout à fait blessants; et c'est avec vérité que, dans sa verve railleuse, et pour stigmatiser leur jactance, le poëte national a pu s'écrier :

> Voyez ce vieux marquis
> Nous traiter en peuple conquis!

Sous leur influence funeste le clergé reprend son ancien ascendant. Les congrégations religieuses, les couvents renaissent et se multiplient à l'infini. Les missionnaires parcourent toute la France, et dans les moindres villes comme dans les plus populeuses, à leur voix s'élèvent aussitôt et splendidement les croix dites de mission. Le chef-d'œuvre de Molière et de la scène, *Tartufe*, est mis à l'index. Toléré encore à Paris, il ne peut plus se produire sur nos théâtres de province. Les processions publiques sont autorisées; et l'on voit, sans en être bien édifié, de vieux guerriers, les amis, les soutiens, les premiers lieutenants du plus grand homme de guerre qui fut jamais, assister à ces cérémonies, où, la tête baissée et l'air contrit, ils tiennent un cierge d'une main et de l'autre un cordon du dais. Ces tristes résultats servent singulièrement l'opinion libérale qui se propage dans la classe ouvrière et marchande, mais non pas sans créer quelques sectaires maladroits, dont le ridicule exerce bientôt la verve et la raillerie parisiennes. En effet, des employés, des artisans, des boutiquiers, pour mieux afficher sans doute leur libéralisme, se croient obligés d'assombrir leur physionomie et de porter la moustache. Par leur tenue et certains détails de leur costume, ils espèrent faire voir en eux des débris de notre héroïque armée. Les commis des magasins de nouveautés vont plus loin encore, et pour rendre leur métamorphose plus complète, outre la moustache, ils adaptent à leurs chaussures de sonores éperons qu'ils font retentir militairement sur les pavés et les dalles des boulevards. Ce sont eux qu'à cette époque on appelle du nom de *calicots*, et tous ceux dont la tournure et les airs fanfarons paraissent suspects reçoivent le même sobriquet.

Certes, cette période de quinze années, où la paix européenne succédait pour la France à un état de guerre permanent ; où dans tout le pays s'était organisée, avec la liberté de la presse, une lutte d'un autre genre, la lutte des idées et des principes ; où l'égoïsme et l'avidité avaient tué chez tant de puissants personnages le sentiment national et jusqu'au respect de soi-même ; où naissaient déjà le culte des intérêts matériels, la passion du luxe, le désir des rapides fortunes, qui faisaient recourir aux entreprises hasardeuses, aux spéculations de bourse et à l'agiotage ; où enfin, pour achever le tableau, la littérature subissait aussi son invasion et se trouvait divisée en deux sectes ennemies, classique et romantique, non moins violentes, non moins implacables dans leur haine que les deux sectes politiques, cette période de quinze années, disons-nous, devait être, on le voit, éminemment favorable à la comédie. Examinons comment les auteurs dramatiques en furent impressionnés, et quelle influence les mœurs de cette époque ont exercée sur leurs productions.

Si nous en exceptons sept à huit pièces estimables telles que *la Famille Glinet*, de Merville; *l'Agiotage* et *les Trois Quartiers*, de Picard; *le Folliculaire* et *le Roman*, de Delaville; la charmante comédie de M. Samson, *la Belle-Mère et le Gendre*, et deux autres fort remarquables de Casimir Delavigne, *les Comédiens* et *l'Ecole des Vieillards*, tout le répertoire nouveau du Théâtre-Français et de l'Odéon ne se compose guère que d'ouvrages sans couleur, où l'on chercherait en vain la peinture de quelque caractère et des mœurs de l'époque. Mais il faut prendre la comédie partout où elle est, sans avoir égard à la dénomination des genres, ni se laisser arrêter par d'absurdes préjugés, et dès lors on la pouvait trouver dans les vaudevilles de M. Scribe, dont le rare talent commençait à se faire connaître. Son théâtre, pendant ces quinze années, pour n'être composé que d'esquisses légères, n'en est pas moins l'expression la plus fidèle des mœurs de la Restauration. Les preuves pour le démontrer ne nous feront pas défaut, comme on le verra; mais avant de les produire, nous devons revenir sur les deux grands ouvrages cités plus haut, *les Comédiens* et *l'Ecole des Vieillards,* les meilleurs, peut-être, qu'on ait donnés depuis *Turcaret* et *la Métromanie,* et qui, malgré quelques défauts que nous devons signaler ici dans l'intérêt de notre recherche, resteront sans aucun doute, avec ceux des maîtres, au répertoire de la scène française.

« Ah! les étranges animaux à conduire que les « comédiens! » s'écrie Molière dans *l'Impromptu de Versailles*. Il savait, en effet, par expérience, quelles tribulations, quelles vicissitudes leur mauvais vouloir et leurs caprices font éprouver à ceux qui les dirigent. Mais un directeur de théâtre est un prince omnipotent, et, comme tel, il peut réprimer, ou du moins contenir les haines, les jalousies et les rivalités nuisibles que doit nécessairement engendrer une profession où l'amour-propre est sans cesse excité. Casimir Delavigne, en traçant le tableau d'un sénat comique, composé d'acteurs ayant tous des droits égaux et se gouvernant eux-mêmes, a voulu montrer combien pouvaient être dangereuses pour l'art ces rivalités, ces haines, ces jalousies lorsqu'elles prennent leur libre essor et qu'elles ne sont plus retenues par aucun frein. Sa pièce peint avec vérité, mais non pas sans quelque exagération, des travers qui ne sont que trop réels chez les comédiens. L'intrigue pourrait mériter le même reproche ; elle est un peu forcée, et lord Pembrock, épouseur sérieux, qui fait suivre le don de sa main d'une fortune immense, pousse bien loin la crédulité, quand, sur la simple affirmation de mademoiselle Estelle, il n'hésite pas à voir en elle une femme titrée, une baronne, et quand, plus tard, la rencontrant dans un foyer d'acteurs, cette maîtresse intrigante, pour y justifier sa présence, lui persuade qu'elle est l'auteur de la pièce nouvelle qu'on répète en ce moment. Le style, qui distingue surtout le talent de l'auteur, fait le principal mérite de l'ouvrage. Il est pur, élégant, élevé, plein d'énergie et de passion; il abonde, en outre, en traits heureux, fins, piquants et comiques. Oserons-nous le dire cependant? ce style si brillant, remarquable à tant de titres, manque peut-être des qualités qu'exigent avant tout les œuvres dramatiques; et ce n'est point là, nous essaierons de le démontrer, le genre de versification qui convient à la comédie. En fait de style comique, c'est encore à Molière qu'il faut recourir pour en trouver le meilleur modèle. Le tour poétique n'exclut point chez lui la franchise et la simplicité. C'est pourquoi le langage qu'il prête à ses acteurs a tout le naturel de l'improvisation, et c'est en effet ainsi que l'on est censé parler au théâtre. Nous en citerons, entre autres preuves, la belle tirade d'Alceste, qui se termine par ces vers :

Têtebleu! ce me sont de mortelles blessures

De voir qu'avec le vice on garde des mesures ;
Et parfois il me prend des mouvements soudains
De fuir dans un désert l'approche des humains.

Certes, s'il pouvait être permis de s'éloigner un peu du naturel dans le langage, c'était en faisant parler un personnage passionné, à qui sa haine contre les vices devait inspirer pour les flétrir les mouvements d'une mâle et noble éloquence. Néanmoins, dans cette tirade si pleine de poésie, les tours de phrase, les expressions, leur emploi, tout est naturel, et l'on sent que l'on peut parler ainsi d'abondance.

Voici maintenant, parmi beaucoup d'exemples que nous pourrions citer, un passage de la pièce des *Comédiens ;* c'est la relation d'un voyage à Bordeaux que lord Pembrock fait à l'un de ses amis :

Le trait qui m'a dompté
Des regards d'une veuve est parti cet été.
Je roulais vers Bordeaux, où tendait mon voyage :
Soudain vient à passer un brillant équipage
Qui, par mon phaéton, dans sa course heurté,

Aux cris des voyageurs s'abat sur le côté ;
J'arrête, et vois descendre une femme expirante ;
Elle tombe sans force aux bras de sa suivante,
L'œil éteint, le front pâle et les cheveux épars.
Moi, qui soutiens toujours l'honneur des léopards,
Surtout auprès du sexe, en offrant ma voiture,
Je tourne un compliment qui d'abord la rassure.
Sa suivante, à mon char, la conduit par la main ;
Elle allait à Bordeaux, j'en reprends le chemin.
Les plus fières beautés n'ont jamais dans l'Asie
D'un aiguillon plus vif piqué ma fantaisie ;
Mes regards attachés sur ses yeux languissants
Commençaient à parler du trouble de mes sens.
Mais j'apprends qu'elle est veuve ; elle pleure, et ses larmes
Contre ma liberté sont de mortelles armes.
Je l'invite à l'auberge, en termes délicats,
A tromper sa douleur par un frugal repas.
La baronne consent, car c'est une baronne,
Et la Tamise enfin soupe avec la Garonne.

Ces vers, à coup sûr, sont délicieux, pleins d'élégance et de poésie, mais ce genre de poésie est-il bien celui qui convient au théâtre ? est-ce ainsi que l'on parle dans la conversation ? Non, sans doute ; et pour dire toute notre pensée, cette versification brillante nous semble moins appartenir à la comédie qu'à l'épître ou à la satire. Du reste, ce défaut est bien moins sensible, et disparaît même presque entièrement dans *l'École des Vieillards*, admirable comédie qui ne laisserait rien à désirer si l'on y trouvait un peu plus de comique, et si la peinture de certains travers de l'époque, très compatible avec la nature de son sujet, en rehaussait le mérite. Voyez *le Misanthrope*, car c'est toujours Molière qui doit servir de modèle en tout. Alceste reproche ainsi à Célimène d'admettre dans sa société toute sorte de gens :

> Mais au moins, dites-moi, madame, par quel sort
> Votre Clitandre a l'heur de vous plaire si fort.
> Sur quel fond de mérite et de vertu sublime
> Appuyez-vous en lui l'honneur de votre estime ?
> Est-ce par l'ongle long qu'il porte au petit doigt
> Qu'il s'est acquis chez vous l'estime où l'on le voit ?
> Vous êtes-vous rendue, avec tout le beau monde,
> Au mérite éclatant de sa perruque blonde ?

> Ou sa façon de rire et son ton de fausset
> Ont-ils de vous toucher su trouver le secret?

Voilà, certes, un original fort bien dépeint; cependant Molière ne se borne pas à nous en donner le portrait. Il le met en scène; non-seulement lui, mais encore l'un de ses amis, le présomptueux Acaste. A la rigueur, il aurait pu se passer de ces deux personnages, mais outre que par leurs airs évaporés et leur ton suffisant ils jettent de la gaieté dans la pièce, Molière trouvait un autre avantage à les y introduire, celui de faire connaître dans des peintures en action, ainsi qu'il le recommande, les hommes ridicules de son temps; et toutes les descriptions, tous les portraits du monde, en effet, n'auraient pas pu donner une idée aussi exacte des jeunes courtisans de cette époque, des *petits marquis,* comme on les appelait, que les délicieux rôles d'Acaste et de Clitandre.

Dans *l'École des Vieillards,* Danville fait aussi reproche à sa femme de la société qu'elle reçoit, des grands dîners qu'elle donne, des beaux esprits qu'elle y invite. Je ne sais pas, dit-il,

> De quel air on écoute
> Vos auteurs nébuleux auxquels je n'entends goutte,
> Et tout leur bel esprit ne fait que m'étourdir,
> Moi, qui cherche à comprendre avant que d'applaudir.
> De traiter ces messieurs j'aurais eu la manie,
> Si j'étais assez sot pour me croire un génie. . . . .

Le jeune duc Delmar, épris de madame Danville, essaie, dans l'espoir de l'entraîner au bal que donne son oncle le ministre, de piquer sa curiosité en lui faisant l'énumération des célébrités de tous genres qui doivent s'y rendre. Vous y verrez entre autres, dit-il,

> Ce savant, qui pour vous déridant son front sec,
> Un jour sur votre album écrivit un mot grec ;
> Et le gros général qui rit bien comme trente :
> Par malheur sa gaîté suit le cours de la rente.

Eh bien ! c'est ce gros général, c'est l'auteur nébuleux dont parle Danville, qu'il eût fallu mettre en scène C'était de l'actualité. Les romantiques faisaient alors grand bruit; on les recherchait, et beaucoup de nos généraux de l'empire mis à la retraite, retrouvant sans doute dans les spéculations de la Bourse quelques-unes des émotions des champs de bataille, s'y livraient avec la plus vive ardeur. Ces deux personnages, en faisant connaître les travers du temps, eussent pu répandre dans la pièce la gaieté que trop souvent on y cherche en vain. Quoi qu'il en soit, et malgré ses défauts, cette comédie est certainement l'une des plus belles qu'on ait données depuis Molière. Il est toujours fort difficile de classer les œuvres d'art remarquables et de déterminer à quel degré leur mérite peut les rendre supérieures les unes aux autres, puisque le plus souvent elles se distinguent par des qualités toutes différentes. Néanmoins, si parmi les grandes comédies en vers il nous fallait assigner le rang que doit occuper *l'École des Vieillards*, ce n'est point à côté des *Deux Gendres*, ni du *Philinte de Molière*, ni du *Méchant*, que nous lui donnerions place. Notre admiration nous la ferait porter plus haut encore, et c'est jusqu'à *la Métromanie* qu'il nous semblerait juste de l'élever.

Nous avons dit que M. Scribe, dans une foule de petits ouvrages, avait reproduit fidèlement les mœurs de la Restauration. On doit comprendre dans ce qu'on appelle les mœurs ces ridicules, ces travers, ces goûts fugitifs que la circonstance fait naître et qui se renouvellent sans cesse dans une grande capitale. M. Scribe expose d'abord, en effet, à la risée publique l'outrecuidance de ces malencontreux commis marchands dont la prétention était de se faire passer pour des militaires licenciés de l'armée impériale. Dans une petite pièce intitulée *le Combat des Montagnes,* il introduit un certain M. Calicot, marchand de nouveautés, qu'une dame prend pour un militaire. « Je ne le suis pas, lui dit-il. — C'est que « cette cravate noire, ces éperons, et surtout ces « moustaches... Excusez, monsieur, je vous pre- « nais pour un brave. — Il n'y a pas de quoi, » répond M. Calicot.

Oui, de tous ceux que je gouverne
C'est l'uniforme, et l'on pourrait enfin
Se croire dans une caserne
En entrant dans mon magasin ;
Mais ces fiers enfants de Bellone,
Dont les moustaches vous font peur,
Ont un comptoir pour champ d'honneur,
Et pour arme une demi-aune.

Dans *le Solliciteur,* M. Scribe attaque un autre travers de l'époque, une manie devenue commune à des milliers d'individus, celle de postuler des places et de réclamer des indemnités auxquelles le plus souvent ils n'avaient aucun droit. On les voyait dès le matin assiéger, envahir les bureaux de tous les ministères ; ils y demeuraient toute la journée, y prenaient leurs repas, et ne les quittaient qu'avec les employés. Les tribulations de tous genres du pauvre M. *L'Espérance* font assez voir combien était ridicule et décevant le triste métier de solliciteur. Le vieil émigré de la Restauration est peint à merveille dans le vicomte de la Morlière du vaudeville d'*Avant, Pendant et*

*Après*. Ce nouvel Épiménide est revenu en France après une absence, ou plutôt après un sommeil de quarante ans. Il ne reconnaît plus son Paris, qu'il prétend qu'on lui a gâté. Les gloires de l'Empire, l'ascendant qu'exerça la France sur l'Europe entière pendant de si longues années, tout cela est comme non avenu pour le vicomte. On lui parle de Wagram; il ne sait ce qu'on veut dire, et demande si ce n'est point une terre appartenant à son frère le marquis. A soixante ans passés, il a conservé les airs sautillants, le ton évaporé, les idées, les préjugés, les mœurs des nobles d'avant 1789. Croyant que le fils du comte de Surgy, son ancien ami, a des créanciers et de plus un rival plébéien qui le contrarie dans ses amours, il conseille au jeune homme de faire mettre les uns au For-l'Évêque et d'envoyer l'autre à la Bastille. Sa stupéfaction est extrême quand il apprend que Bastille et For-l'Évêque n'existent plus. Nous n'avons pas dessein de passer en revue tous les vaudevilles de M. Scribe où l'on pourrait apprécier son talent de peintre observateur; c'est d'autant moins notre intention que, dans la période suivante, nous aurons à parler avec détails de beaucoup d'autres de ses ouvrages plus importants, représentés sur la scène française depuis 1830. Nous dirons seulement que dans toutes ces petites pièces il n'en est aucune, quand même elles ne reproduisent point spécialement quelque travers du jour, où l'on ne trouve des traits mordants, de fines railleries et des couplets satiriques, faisant allusion à tout ce qu'il y avait alors de ridicule et de moquable dans les mœurs. Étienne prétend qu'à défaut d'histoire, de chronique, d'inscriptions et de médailles, on devinerait les révolutions politiques et morales d'un pays à l'aide seulement de comédies, fidèle expression de ses mœurs. Si cette supposition n'est pas plus ingénieuse que vraie, le répertoire de M. Scribe pourrait offrir en partie cet avantage. Les nombreux vaudevilles dont il se compose forment une galerie, non pas de tableaux, mais d'esquisses de mœurs très ressemblantes que dans la suite, nous n'en doutons pas, les amateurs consulteront avec beaucoup d'intérêt.

### SEPTIÈME PÉRIODE.

En 1830 éclate enfin une révolution que les tendances et les actes rétrogrades du pouvoir avaient fait dès longtemps pressentir. A la royauté de droit divin succède la royauté élective, du moins pour le chef de la nouvelle dynastie. Mais les révolutions, quelles qu'elles soient, ne s'accomplissent guère sans rencontrer des opposants de toute espèce. Le parti républicain, logique dans sa conduite, après avoir posé en principe que le peuple qui peut élire un roi doit avoir incontestablement aussi le droit de le déposer, se met à l'œuvre, l'émeute est dans la rue, et pendant près de deux années elle semble tenir le trône en échec.

Au milieu de ces désordres, le gouvernement fait justice d'anciens abus, accomplit certaines réformes depuis longtemps réclamées. Il supprime, entre autres, la loterie et les maisons de jeu, source de ruine et de démoralisation pour le peuple. Mais, chose étrange! on voit presque aussitôt se propager dans toutes les classes le goût funeste de l'agiotage, qui bientôt dégénère en passion effrénée. Les émotions que procuraient les tripots et la loterie semblent être regrettées, et l'on dirait que chacun espère les retrouver dans les spéculations les plus hasardeuses. Un triste spectacle alors s'offre aux yeux; les travaux, les occupations honnêtes, sont négligés ou abandonnés; chaque jour la Bourse est assiégée, envahie par une foule immense, et l'on voit dans les tribunes du temple jusqu'à des femmes élégamment vêtues qui, le carnet en main, suivent avec anxiété le mouvement des cours, que l'huissier, par intervalles, proclame de sa voix criarde. Pour entretenir cette fièvre du jeu, pour l'exploiter à leur profit, mille intrigants imaginent de mettre en actions des entreprises de toute espèce, houillères, mines de charbon, asphaltes, fabriques, etc., dont l'existence est parfois problématique. Mais la cupidité n'examine rien, n'approfondit rien. Peu lui importe d'ailleurs que ces entreprises soient bonnes ou mauvaises, elle n'achète pas les actions pour les garder, mais seulement pour les revendre. C'est à cette frénésie, qui rappelle celle du système de Law et les trafics honteux de la rue Quincampoix, que sont dus les bouleversements de tant de fortunes péniblement acquises et la ruine d'honnêtes familles qui, la veille encore, opulentes et heureuses, se trouvent réduites le lendemain au désespoir et à la misère. Disons enfin que les mœurs politiques ne tardent pas à subir un changement notable. Les partis, mieux éclairés, cessent de recourir à la force brutale; c'est désormais de la seule polémique qu'ils attendent le triomphe de leurs principes. La presse alors acquiert une importance inouïe; son action sur les masses est si grande, si prompte, si étendue, que chacun veut l'avoir pour soi. Les coteries de tous genres, littéraires, scientifiques et politiques, s'en font un moyen d'influence et de succès; et, ménagée, flattée, courtisée, comme tout ce qui est puissant et redoutable, elle devient bientôt, ainsi qu'on l'a dit, une sorte de quatrième pouvoir dans l'État.

De tous nos auteurs, c'est encore M. Scribe que nous trouvons accomplissant le mieux la mission du poëte comique. Ses ouvrages, depuis 1830, sont pour la plupart un reflet des mœurs de notre époque. Mais son talent a pris tout son essor; et ce n'est plus par de brillantes esquisses applaudies sur nos petits théâtres qu'il le signale, mais bien par des tableaux de grandes dimensions, des comédies en cinq actes accueillies favorablement sur la scène française.

Dans *Bertrand et Raton,* à l'aide d'une fiction ingénieuse, en traçant les troubles de la cour de Danemark, sous Christian VII, il reproduit la physionomie de nos émeutes, et peint avec beaucoup d'esprit et de finesse l'habileté de certains hommes d'État qui, sans jamais se compromettre, poussant toujours les autres en avant, savent, en dépit de toutes les commotions politiques, se rendre nécessaires et se maintenir au pouvoir.

Dans *la Passion secrète,* pour mieux flétrir l'agiotage, pour en mieux faire sentir les dangers, il nous montre une femme mariée en proie à cette passion indigne, réduite, pour éviter l'éclat dont on la menace si elle n'acquitte sur-le-champ une dette de Bourse, non-seulement à violer un dépôt sacré, à livrer la somme de quarante mille francs, qui sont la dot et toute la fortune de sa jeune sœur, mais encore à entendre les conditions infâmes que, pour la tirer d'embarras, ose lui proposer un vieux et riche libertin.

Dans *la Camaraderie*, il peint à merveille une de ces coteries de médiocrités, si communes à notre époque, se prônant l'une l'autre, habiles à faire sonner en leur honneur toutes les trompettes de la presse, et qu'un des personnages de la pièce appelle plaisamment « une société par « admiration mutuelle. » Bien des ridicules, bien des travers actuels sont finement raillés dans cette charmante comédie. L'avidité de quelques-uns de nos honorables, entre autres, y est mise en relief d'une façon fort originale. Un ministre incertain de la majorité, au moment de faire passer une loi, s'adresse, pour obtenir quatre voix qui lui sont indispensables, à la jeune femme d'un vieux pair de France, dont il connaît le génie inventif en pareille matière. Celle-ci ne trouve pas de moyen plus efficace, pour en venir à ses fins, que de conseiller à son vieil époux, toujours tremblant sur sa santé, une réclusion complète pendant quelques jours, afin d'éviter l'influence d'une épidémie dangereuse, puis de faire répandre le bruit de sa mort. Comme le noble pair est titulaire de huit emplois largement rétribués, la nouvelle de son trépas met aussitôt mille ambitieux en mouvement. Le ministre, assailli de leurs visites, les exploite à son profit, en flattant adroitement leurs espérances, et bref, au lieu de quatre suffrages qu'il demandait, la loi, grâce à cette habile manœuvre, se trouve être votée à la majorité honorable de trente-cinq voix. Un autre travers de ces derniers temps, né du triomphe même de notre révolution : un désir immodéré, une sorte de passion d'indépendance qui s'était emparée d'un bon nombre d'individus, lui fournit le sujet d'une comédie piquante, dont le succès ne répondit pas au mérite de l'ouvrage, par la raison qu'il relevait trop bien peut-être le ridicule d'un sentiment honorable poussé jusqu'à l'exagération.

Dans cette pièce, intitulée *les Indépendants,* il met en scène un de nos fiers représentants, un rude défenseur de nos droits et de nos libertés, heurtant tout le monde, ne pensant jamais comme ses collègues, et qui, du moment où l'on est de son avis, n'en est plus par amour pour l'indépendance; pusillanime au fond cependant, et n'osant point ne pas assister à certaine réunion politique, dans la crainte de déplaire aux gens de son parti; ambitieux aussi et résigné, s'il le faut, dans son dévouement à la chose publique, à porter les chaînes du pouvoir et à devenir ministre. «Mais comment, lui dit son ami, peux-tu arran- « ger cela avec ta position et tes opinions?—Très « bien, répond-il; par ma naissance et ma for-

« tune, je suis d'une certaine nuance de la cham-
« bre ; par mes principes, je suis d'une autre
« tout à fait apposée..... Mais les extrêmes se
« touchent et les deux nuances n'en font qu'une
« qui, dans ce moment, sont occupées à se fon-
« dre dans une troisième...... Et voilà comment,
« de nuance en nuance, on change de couleur
« sans que personne s'en aperçoive. »

Tous ces ouvrages ne sont pas irréprochables sans doute, mais d'après l'espèce d'analyse que nous venons d'en donner, on peut apprécier la pensée qui présidait à leur composition, et reconnaître qu'à défaut d'autre mérite, ils auraient du moins celui, toujours très recommandable, de peindre les mœurs de l'époque. Ce n'est pas toutefois, il s'en faut bien, à ce seul titre qu'ils se distinguent, et c'est ici le lieu d'examiner, sous le rapport philosophique, le talent et la manière de M. Scribe. A ce sujet, nous reviendrons sur la pièce de *Bertrand et Raton,* le chef-d'œuvre de l'auteur, à notre avis, où brillent dans tout leur éclat ses éminentes qualités, mais où l'on trouve aussi, non moins que dans ses plus faibles productions, tous les défauts de sa manière.

Chose bizarre et qu'il n'est pas sans utilité de constater, M. Scribe a réussi au théâtre, peut-être autant, peut-être plus par les défauts que par les qualités de son talent. Il a, comme on sait, trop souvent substitué, dans ses ouvrages, le roman à la comédie, et c'est là surtout ce qui leur a valu le succès et la vogue ; mais c'est là peut-être aussi ce qui les empêchera de se maintenir à la scène aussi longtemps que leur mérite le devait faire supposer. M. Scribe n'a pas, comme Molière, combattu le mauvais goût de son siècle ; il l'a flatté, au contraire, et même exploité à son profit. Doué d'une imagination vive et romanesque, il s'est laissé entraîner par elle au lieu de la retenir et de la régler.

A l'époque où parut *Bertrand et Raton*, le drame était en grand honneur. Prôné, exalté par les romantiques et par tous les organes de la presse, il avait envahi nos théâtres et fait irruption jusque sur la scène française. M. Scribe ne manqua pas de l'introduire dans sa pièce nouvelle, dont le sujet cependant semblait être tout à fait du domaine de la comédie. Deux femmes ambitieuses, deux reines qui se disputent la suprême autorité ; des ministres avides, des intrigants subalternes marchant à leur suite ; cabalant, conspirant pour arriver ou se maintenir au pouvoir, ne sachant plus souvent ni à qui adresser leurs vœux ni pour qui se déclarer, dans l'ignorance où ils sont du parti qui triomphera ; au milieu d'eux, un habile diplomate, exploitant un vaniteux bourgeois, assez sot pour se croire appelé à jouer un rôle dans l'État, et dont il se sert comme d'un instrument utile, qu'il brise et rejette avec mépris dès qu'il n'en a plus besoin, etc. Certes, il y avait dans cette donnée les éléments suffisants d'une grande comédie. M. Scribe n'en jugea pas ainsi, et, pour se conformer au goût du jour, il compliqua son intrigue de l'amour romanesque d'un jeune plébéien pour la fille d'un ministre ; amour que celle-ci partage, et dont le ministre est d'autant plus irrité que le mariage de sa fille avec le neveu d'un puissant personnage est à la veille de se conclure. Éric, c'est le nom du jeune plébéien, provoque son rival en duel. Enveloppé d'un grand manteau, armé de ses pistolets, il se met à sa poursuite. Pris pour l'un des conjurés d'une conspiration qu'on vient de découvrir, il se réfugie dans le palais habité par Christine (celle qu'il aime, la fille du ministre), mais sa présence pouvant compromettre sa maîtresse, il déclare être le conspirateur que l'on cherche, et se constitue prisonnier. Jugé par un conseil de guerre, il est déclaré coupable et condamné à mort. Scène pathétique, où la mère d'Éric vient dans la nuit supplier Christine de sauver son fils. Scène plus pathétique encore entre Christine et son père qui, sourd à ses prières, ne veut pas même, connaissant l'innocence d'Éric, se charger pour la reine d'une lettre que sa fille lui vient d'écrire, et qui pourrait le sauver. « Ah! c'en est trop, lui dit Christine, « votre cruauté me détache de tous les liens qui

« m'attachaient à vous. Oui, je l'aime ; oui, je
« n'aimerai jamais que lui... S'il meurt, je ne lui
« survivrai pas, je le suivrai... Sa mère, du moins,
« sera vengée, et comme elle, vous n'aurez plus
« d'enfant. » Dans ce moment un grand bruit se
fait dans la rue ; on entend le roulement sinistre
des tambours ; c'est Éric qui va subir son jugement et que l'on conduit à la mort. Christine
tombe évanouie aux pieds de son père. Toutes ces
situations, toutes ces péripéties dramatiques sont
sans doute ménagées et traitées avec beaucoup
d'art ; elles émeuvent, elles font répandre d'abondantes larmes ; elles ont, nous ne l'ignorons
pas, puissamment contribué au succès ; mais,
néanmoins, nous persistons à le croire, elles font
tache dans ce bel ouvrage, elles le déparent ; car,
après tout, elles ne produisent que des effets vulgaires, indignes d'un talent supérieur, et qu'à ce
titre M. Scribe devait dédaigner.

On a quelquefois, dit-on, les défauts de ses qualités. Ce reproche pourrait s'adresser à M. Scribe.
Contrairement à beaucoup d'auteurs, il possède

un esprit trop fertile peut-être en expédients, en ressources, en bons mots et en traits piquants, brillant vernis sous lequel disparaissent pour un moment des taches qui ne tardent pas à se faire voir. Avec un tel esprit, d'où jaillit sans cesse la saillie, la répartie vive, ingénieuse, spirituelle, qui surprend, éblouit et séduit à la fois, que ne peut-on oser et risquer? Est-il besoin alors de se montrer bien scrupuleux sur le choix des moyens propres à lier ou dénouer une intrigue? Et n'est-on pas certain d'avance de les faire accepter tous, même les plus extravagants, les plus invraisemblables?

A la première représentation de *Bertrand et Raton*, ce qui fait le nœud de la pièce, l'emprisonnement de Raton dans la cave, excita des murmures. L'aparté de Bertrand les dissipa aussitôt. « C'est un trésor, dit-il, qu'un homme pa-
« reil, et les trésors il faut les mettre sous clef. »
Cette saillie ne détruit pas la pauvreté du moyen. Que le comte Bertrand de Rantzau, à l'aide d'un nouveau soulèvement populaire, voie la possi-

bilité d'assurer le triomphe de la cause qu'il sert en secret, et que la disparition subite de Raton Burkenstaff, riche fabricant de soieries, disposant de plus de huit cents ouvriers, lui semble un bon moyen de le provoquer, surtout en insinuant aux ouvriers que l'enlèvement de leur maître est un acte de vengeance du pouvoir, cela se conçoit à merveille. Mais qu'il espère atteindre ce but, et faire croire à la disparition de Raton, en l'enfermant dans son caveau, au moment où il va chercher du vin, quand il suffirait à celui-ci d'élever la voix et de frapper derrière la porte pour être entendu de tous les siens, voilà ce que l'on a plus de peine à concevoir, en dépit même du soin que prend M. Scribe de nous avertir que la porte du caveau, semblable à celle d'une bastille, est doublée en fer, et n'a pas moins de six pouces d'épaisseur. Si l'on n'avait à reprocher à ce moyen que son invraisemblance matérielle, ce ne serait que demi-mal ; mais on doit le condamner surtout parce qu'il donne en quelque sorte un démenti au personnage de Raton ; et le mon-

tre remplissant une fonction qui semble peu
d'accord avec son caractère. Est-il supposable,
en effet, qu'un ambitieux, un sot de cette espèce,
qui ne veut plus voir son ancien ami Michelson,
le marchand drapier, « parce qu'il n'est rien dans
« l'État ; » qui, tout enivré des hourras que poussent en son honneur ses nombreux ouvriers, dit
à sa femme et à son fils : « Vous l'entendez, ils
« crient vive Burkenstaff! vive notre chef! Quel
« bonheur!... quelle gloire pour notre maison!...
« Je te le disais bien, ma femme, je suis une puis-
« sance... un pouvoir... rien n'égale ma popula-
« rité... Quelle belle journée!... Tout le monde
« s'incline devant moi et me fait la cour, etc.; »
qui, dans son délire enfin, va jusqu'à offrir sa
protection au comte de Rantzau... Est-il à supposer, disons-nous, qu'un pareil vaniteux descende à un détail aussi misérable que celui d'aller
chercher du vin à sa cave pour le souper auquel
il vient d'inviter les promoteurs de son triomphe?
Non, sans doute; mais comme, d'après le plan de
M. Scribe, il n'y aurait plus eu de pièce sans la

séquestration de Raton, il fallait bien qu'elle s'accomplît n'importe comment. Les fautes de ce genre, trop peu rares malheureusement dans ses ouvrages, sont pour ainsi dire une conséquence forcée de la manière de l'auteur, laquelle a pour principe de considérer dans les compositions dramatiques les situations comme le point le plus essentiel et la plus grande difficulté de l'art. D'où il suit que l'on peut tout leur sacrifier, même jusqu'à la vérité des caractères. Cette manière, que les imitateurs de M. Scribe ont eu le tort de trop vanter peut-être, est érigée maintenant en système, et fait école. Elle a ses enthousiastes, ses fanatiques, affirmant de la meilleure foi du monde que l'on s'entend bien mieux aujourd'hui que jadis à composer les ouvrages de théâtre, que sous ce rapport nous sommes en véritable progrès, et qu'il n'est guère de pièce moderne où l'on ne trouve une trame mieux ourdie et des combinaisons dramatiques plus fortes que dans les chefs-d'œuvre mêmes de l'ancien répertoire.

Ne pourrait-on leur répondre : Le but que se proposaient les anciens auteurs (Molière particulièrement) n'étant pas celui que poursuivent les auteurs modernes, leurs combinaisons dramatiques ne devaient pas être les mêmes. D'où l'on aurait tort de conclure que celles-là ne valaient pas celles-ci. Molière, au lieu d'une intrigue compliquée, faisait choix en général, pour ses comédies, d'une fable fort simple. Assurément ce n'était pas par impuissance, mais plutôt par suite d'un bon raisonnement et d'un bon calcul. Plus, en effet, l'intrigue est forte et chargée d'incidents, plus elle tient de place dans l'ouvrage, plus il faut consacrer de temps à préparer et faire mouvoir ses divers ressorts, et moins il en reste, par conséquent, pour l'objet le plus essentiel, c'est-à-dire pour la peinture et le développement des caractères et des passions.

La combinaison dramatique du *Misanthrope*, par exemple, est des plus fortes, à notre avis; mais est-ce dans la contexture du plan qu'elle réside? Non, sans doute, car il n'en est guère de moins compliqué; elle est toute dans l'opposition du caractère d'Alceste avec sa passion amoureuse, et dans le choix de la personne que Molière lui fait aimer. Alceste, par son caractère, est porté à fuir les hommes; il en a formé le dessein; il ne les fuit pas cependant, il continue de vivre au sein de ce monde pervers, objet de ses mépris. Pourquoi? parce qu'il aime. Et qui aime-t-il? une femme à la mode, une femme de la cour, une indigne et misérable coquette dont il est le jouet.

On voit tout d'abord quelles riches ressources offrait à l'auteur une telle combinaison pour le développement de son principal caractère; combien les vices élégants de cette haute société, dont il devait naturellement l'entourer, étaient propres à faire éclater ses emportements et ses véhémentes censures; et combien aussi la passion coupable à laquelle il le montre en proie devait éclairer les spectateurs sur le vain orgueil de ce *faux* sage, si sévère, si dépourvu pour ses semblables de cette indulgence dont il a tant besoin pour lui-même.

Dans *l'Avare,* c'est encore ce même art profond : c'est Harpagon mis aux prises avec certains devoirs, certaines nécessités impérieuses qui l'obligent d'agir contrairement à son caractère. On le voit contraint, par exemple, de donner à souper au seigneur Anselme, son futur gendre, car c'est bien le moins qu'il puisse faire pour l'homme désintéressé qui lui prend sa fille *sans dot.* On sait à combien de scènes plaisantes donne lieu cet étrange souper, et surtout à quel point il excite et fait briller chez l'amphitryon le génie de la lésine. Molière le place encore dans une position difficile, celle de se montrer reconnaissant et généreux envers une personne dont il est l'obligé. Une certaine Frosine, à sa prière, s'est employée pour le mariage qu'il veut conclure avec une jeune fille, et l'a conduit à bonne fin. Harpagon se confond en remercîments et ne tarit pas sur les obligations et la reconnaissance qu'il lui doit. Frosine n'en demande qu'une preuve : « Pour assurer le gain d'un « procès, dont la perte causerait ma ruine, dit-« elle, il me faudrait un peu d'argent... » A ce seul mot d'argent, le vieillard pâlit et frémit. Vainement, pour le calmer, Frosine lui parle des félicités de son prochain mariage; dès qu'elle revient à sa demande, Harpagon fait la sourde oreille et change de conversation ; bref, il prétexte une affaire et s'échappe de ses mains.

Dans *Tartufe*, le principal ressort de la pièce est encore la passion amoureuse de ce misérable mise en opposition avec son caractère.

Telle était le plus ordinairement la nature des combinaisons dramatiques de Molière. Celles dont on se glorifie aujourd'hui sont d'un tout autre genre : elles consistent surtout dans l'étrangeté des incidents, dans la bizarrerie des situations, dans la multiplicité des événements, dans les péripéties, les surprises, les catastrophes, l'imprévu du dénouement, etc. Les ouvrages conçus d'après ces principes ont de grandes chances de succès, nous le savons bien ; ils émeuvent et tiennent en éveil jusqu'à la fin la curiosité du spectateur; mais s'ils intéressent comme les romans, il faut dire aussi qu'ils n'ont pas une existence moins éphémère que la leur. Ils ressemblent assez à ces énigmes dont on est intrigué un moment, et qui cessent de vous attacher dès que le mot vous en est connu.

Les défauts de cette manière sont surtout choquants chez les imitateurs de M. Scribe, qui ne possèdent pas comme le maître, au même degré du moins, l'art de les dissimuler, ni les qualités brillantes qui leur font contre-poids. Si l'on peut justement reprendre, dans *Bertrand et Raton*, la partie romanesque de l'intrigue et la pauvreté des moyens qui lui servent de pivot; si le personnage plaisant de Raton, qui dans les mains d'un Molière eût été, nous le croyons, le principal rôle de la pièce, laisse beaucoup à désirer sous le rapport du développement comique et de la vérité, l'on doit en revanche admirer sans restriction l'habileté, le rare talent avec lesquels sont tracés et soutenus les personnages du prudent et rusé Bertrand de Rantzau, de l'incertain et lâche Koller, du suffisant et poltron Frédérick de Gœlher, et de Jean, le petit émeutier. La scène où Bertrand désigne à la reine, pour le chef de la conspiration, le sot Burkenstaff; celle où il obtient du ministre Falkenskied le brevet d'officier du jeune Éric; la scène du conseil; celle qui termine le quatrième acte, entre Bertrand et Koller, sont traitées d'une façon supérieure et digne des maîtres. Les saillies, les mots heureux y abondent et sont toujours d'accord avec l'esprit et le caractère des personnages.

Nous avons dû signaler les défauts de la manière de M. Scribe, manière séduisante, mais dont les dangers sont réels. Elle ouvre aux jeunes gens une voie que nous ne croyons pas être la bonne; et l'on aurait peut-être à craindre pour l'avenir du théâtre, s'ils continuaient de s'y engager. Ce qui n'empêche pas M. Scribe, et nous ne disons en cela rien de nouveau pour personne, d'être l'un des plus rares esprits de l'époque, et le premier, à coup sûr, de nos auteurs dramatiques. Si la profondeur, la vérité, l'art de peindre à grands traits les caractères et les passions, la force comique et celle du style ne sont pas ses qualités dominantes, en revanche il possède à un très haut degré l'esprit, la finesse, la grâce, le talent ingénieux de lier et de dénouer des intrigues compliquées, de créer des situations piquantes, de présenter d'une façon originale les travers et les ridicules existants; enfin, il a la fécondité, qui n'est pas toujours, mais qui le plus souvent est un des caractères du génie.

Telle a été depuis Molière l'influence des mœurs sur la comédie. Il nous a semblé que le meilleur moyen de la constater était, comme nous l'avons dit dans l'exposé de ce travail, de tracer les esquisses des époques distinctes qui nous séparent du siècle de Louis XIV, et de les mettre en regard des ouvrages les plus importants représentés dans le cours de ces diverses périodes et demeurés au répertoire.

Nous pourrions croire notre tâche terminée, si l'intéressante question mise au concours par la Société ne nous semblait demander, comme son complément nécessaire, de rechercher aussi *pourquoi* les mœurs, à différentes époques, n'ont exercé qu'une si faible influence, et souvent même n'en ont point exercé du tout sur la comédie. Dans son discours à l'Académie, M. Scribe en donne des raisons plus spécieuses peut-être que solides, et qui méritent d'être relevées. Cette espèce de réfutation rentrant tout à fait dans l'objet de notre recherche, nous oserons nous y livrer, malgré la puissante autorité du nom et du talent de notre antagoniste.

« Si la comédie était constamment l'expression
« de la société, dit M. Scribe, elle aurait dû, sous
« la Régence, nous offrir d'étranges licences et
« de joyeuses saturnales; mais point du tout, elle
« est froide, correcte, prétentieuse et décente.

« Sous Louis XV, au moment où se discutaient
« ces grandes questions qui changeaient toutes
« les idées sociales, on la voit avec Dorat, Mari-
« vaux et de La Noue, spirituelle, romanesque
« et vide. Dans les plus horribles périodes de la
« révolution, on représente la gracieuse comédie
« des *Femmes*, et *la Belle Fermière*, en 93, pendant
« le procès de Louis XVI, etc. Comment donc
« expliquer cette opposition constante, ce con-
« traste presque continuel entre le théâtre et la
« société? Serait-ce l'effet du hasard, ou ne serait-
« ce pas plutôt celui de vos goûts et de vos pen-
« chants que les auteurs ont su deviner et exploi-
« ter? Vous courez au théâtre, non pour vous
« instruire et vous corriger, mais pour vous
« distraire et vous divertir. Or, ce qui vous
« divertit le mieux, ce n'est pas la vérité, c'est
« la fiction. Vous retracer ce que vous avez cha-
« que jour sous les yeux n'est pas le moyen de
« vous plaire; mais ce qui ne se présente point
« à vous dans la vie habituelle, l'extraordinaire,
« le romanesque, voilà ce qui vous charme, et

« c'est là ce qu'on s'empresse de vous offrir. Le
« théâtre est donc bien rarement l'expression de
« la société, ou du moins, et comme on l'a vu, il
« en est souvent l'expression inverse, et c'est
« dans ce qu'il ne dit pas qu'il faut chercher ou
« deviner ce qui existait. »

On comprend aisément l'intérêt que pouvait avoir M. Scribe à parler de la sorte. En prouvant que le romanesque doit l'emporter sur la vérité, il plaidait, pour ainsi dire, sa propre cause, et devait naturellement chercher à la gagner. Mais, hâtons-nous de le dire, en voulant se défendre, M. Scribe s'est presque calomnié ; et, fort heureusement pour sa gloire, il n'a pas suivi à la lettre l'espèce de programme à l'usage des auteurs comiques, qu'il prend soin de tracer. L'extraordinaire et la fiction qu'il préconise si fort seront toujours considérés, quoi qu'il en dise, comme des défauts réels, et toujours on regrettera qu'il leur ait fait une si large part dans ses ouvrages. S'ils lui sont pardonnés, ce sera, sans contredit, en faveur de la fine peinture des mœurs et des caractères que souvent on y rencontre.

Pour réfuter M. Scribe, nous opposerons à son langage les paroles échappées à ce vieillard plein de bon sens qui, assistant à la première représentation des *Précieuses ridicules,* s'écria du fond du parterre : « Bravo ! Molière, voilà la bonne « comédie ! » Pourquoi cette sage et chaleureuse exhortation? C'est que Molière alors, s'ignorant encore lui-même, tâtonnant et cherchant sa route, n'avait précisément donné jusque-là que des comédies romanesques imitées des imbroglios italiens et espagnols, et qu'il montrait pour la première fois aux spectateurs ravis l'imitation d'un travers à la mode, une comédie vraie, où tous les personnages étaient des portraits d'autant plus piquants pour eux, qu'ayant sous les yeux les originaux, ils pouvaient, par la comparaison, en apprécier la parfaite ressemblance.

M. Scribe dit encore : « Je conviens que la « comédie est plus près des mœurs que de la « vérité historique; et cependant, excepté quel-

« ques ouvrages, *Turcaret* entre autres, chef-
« d'œuvre de fidélité, il se trouve, par une fata-
« lité assez bizarre, que presque toujours le
« théâtre et la société ont été en contradiction
« directe. »

Mais, s'il en est ainsi, à qui la faute? à qui s'en prendre? Est-ce au public ou bien aux auteurs? M. Scribe ne le dit pas, ou du moins les raisons qu'il donne pour justifier ces derniers sont peu concluantes :

« Retracer au public ce qu'il a chaque jour
« sous les yeux, n'est pas, selon lui, le moyen de
« lui plaire. Ce qu'il aime, dit-il, c'est l'extraor-
« dinaire et la fiction, etc. »

Mais si *Turcaret*, chef-d'œuvre de fidélité, a par cela même obtenu dans son temps un immense succès, la vérité ne lui déplaît donc pas? Tout au contraire. Ce seul exemple ne suffirait-il pas pour démontrer combien est au moins hasardée l'assertion de M. Scribe? Et quand elle serait vraie d'ailleurs ; quand le goût du public le porterait, en effet, à préférer le romanesque et la fiction à la peinture fidèle des travers, des ridicules et des vices, dont ses yeux sont incessamment frappés, s'ensuit-il que les auteurs, ayant un juste sentiment de leur art et de la mission qu'ils sont appelés à remplir, devraient s'empresser de le satisfaire? Si Molière eût exploité le penchant du public de son temps pour le bel esprit, il n'eût pas manqué de composer des pièces dans le goût du sonnet du *Misanthrope*, dont la lecture, à la première représentation de cet ouvrage, excita, comme on sait, des bravos universels, et dès lors, au lieu d'être ce génie incomparable, sans rival même dans l'antiquité, Molière n'eût pu guère aspirer qu'au mince honneur de devancer Marivaux de près d'un siècle.

Si donc la peinture des mœurs est abandonnée ou négligée, ce n'est pas dans l'amour du public pour l'extraordinaire et la fiction qu'il faut en chercher la cause. Elle est plutôt, selon nous, dans le goût des faciles succès, trop commun par malheur à ceux qui travaillent pour le théâtre; et la comédie romanesque, on le sait, est celle où l'on peut le plus aisément réussir. La cause en est peut-être encore dans l'insouciance de beaucoup d'auteurs pour les vrais principes de l'art, insouciance par suite de laquelle ils marchent à l'aventure et sans but, adoptant avec légèreté les systèmes nouveaux que dans tous les temps quelque Aristote improvisé ne manque jamais de mettre à la mode, tandis qu'ils oublient ou dédaignent ces principes vrais dont nous parlons, et que l'immortel auteur de *Tartufe* a pris soin de tracer avec tant de sagesse, de profondeur et de raison.

Nous croyons devoir rappeler ici ces principes. Il y a, ce nous semble, d'autant plus de nécessité à le faire, que de nos jours encore des hommes très haut placés dans la littérature ne craignent pas de déclarer impuissante et usée la poétique suivie par Molière et d'appeler de tous leurs vœux « un système dramatique nouveau, dont Shakes-
« peare peut seul fournir les plans d'après les-
« quels le génie doit travailler ; où le mouvement
« de notre esprit ne soit plus resserré dans l'étroit

« espace de quelque événement de famille ou
« dans les agitations d'une passion purement
« personnelle ; système large, profond, approprié
« à l'état actuel de la société, où la distinction
« tyrannique des genres n'existe plus ; où le sé-
« rieux et le plaisant, le rire et les pleurs, ainsi
« que dans la vie réelle, se trouvent incessam-
« ment confondus ; où l'homme enfin se mon-
« tre tout entier, et provoque toute notre sym-
« pathie. »

Il est assez curieux de remarquer, d'abord, qu'en voulant affranchir les auteurs de toute espèce de joug, la poétique nouvelle leur en imposerait un bien plus pénible à coup sûr, bien plus difficile que l'ancien, celui qui les contraindrait, dans le même ouvrage, à faire rire et pleurer alternativement. Mais examinons si, en effet, les idées qui dirigeaient Molière, en composant ses ouvrages, sont aujourd'hui surannées et insuffisantes, et si par hasard il n'y aurait pas plus d'avantage à se renfermer dans les justes limites d'un art que de vouloir les trop étendre.

Esprit libre et sage à la fois, Molière, avec la supériorité de son jugement, ne considère les règles des anciens « que comme des observations « aisées que le bon sens a faites sur ce qui peut « ôter le plaisir que l'on prend à ces sortes de « poëmes; et le même bon sens, ajoute-t-il, qui « a fait autrefois ces observations, les fait fort « aisément tous les jours sans le secours d'Ho- « race et d'Aristote. La grande règle de toutes « les règles, selon lui, est de plaire, et une pièce « de théâtre qui a attrapé ce but a sans doute « suivi un bon chemin. »

Ainsi, comme on le voit, Molière n'attachait pas à la forme plus d'importance qu'elle n'en mérite, et bien qu'à cet égard ses ouvrages soient dignes d'être imités, ce n'est pas, à coup sûr, de s'y astreindre que nous donnerions le conseil aux auteurs modernes, mais plutôt de méditer profondément, pour en faire leur profit, l'esprit dans lequel ils ont été conçus. Cet esprit, tout le fait voir, consiste dans la parfaite appréciation et le choix des moyens dont les auteurs peuvent se servir pour atteindre le plus sûrement le but qu'ils se proposent, et Molière pensait que le meilleur de tous, ayant à peindre les vices humains, était de les revêtir d'une forme ridicule, afin que toujours ils provoquassent le rire à leurs dépens.

« Si l'emploi de la comédie, dit-il, est de cor-
« riger les hommes, nous avons vu que le théâtre
« a une grande vertu pour la correction. Les
« plus beaux traits d'une sérieuse morale sont
« moins puissants le plus souvent que ceux
« de la satire, et rien ne reprend mieux la
« plupart des hommes que la peinture de leurs
« défauts ; c'est une grande atteinte aux vices
« que de les exposer à la risée du monde. On
« souffre aisément les répréhensions, mais on
« ne souffre point la raillerie; on veut bien
« être méchant, mais on ne veut point être ridi-
« cule. »

Tous les devoirs du poëte comique, sa mission la plus belle, la plus noble, la plus élevée, sont renfermés dans ce peu de paroles. Si, en effet, le ridicule est ce que les hommes redoutent surtout, plus encore que d'être reconnus pour méchants, la loi suprême du poëte doit être, sans contredit, de faire rire aux dépens des vicieux. Dans toute sa carrière, Molière reste fidèle à cette loi difficile, alors même qu'il attaque la noble passion de la vertu, dont la fausse appréciation peut entraîner à des erreurs funestes, ou qu'il flétrit les vices les plus odieux, tels que l'hypocrisie et l'ingratitude.

Si *le Misanthrope* et *le Tartufe* n'existaient pas, et que l'on vînt nous en dire la fable et le plan, dont quelque auteur aurait dessein de faire des pièces de théâtre, nous n'y verrions que la matière de drames fort noirs; personne, assurément, ne voudrait croire qu'ils pussent être susceptibles de développements comiques, et que, dans de tels sujets, il fût possible de provoquer le rire.

Molière dit encore :

« Dans la comédie, il ne suffit pas de dire
« des choses qui soient de bon sens et bien

« écrites, il y faut plaisanter, et c'est une étrange
« entreprise que celle de faire rire les honnêtes
« gens. »

Oui, sans doute, et la plus difficile peut-être, puisque tant d'esprits supérieurs l'ont tentée sans succès. Amuser, faire rire, c'est là, en effet, ce qu'il faut surtout se proposer ; c'est le grand art que l'on doit s'efforcer d'acquérir quand par malheur il n'est pas un don de la nature; car sans lui le vrai but de la comédie ne saurait jamais être atteint. C'est pour avoir trop perdu de vue cette importante vérité que tant d'auteurs se sont fourvoyés, qu'ils ont négligé l'étude des mœurs et se sont jetés dans la comédie romanesque, sentimentale et larmoyante.

Molière eût donc considéré, tout porte à le croire, la doctrine nouvelle qui confond les genres, qui veut que l'on tire d'un sujet tout le plaisant, tout le pathétique, toute la terreur, enfin toutes les émotions extrêmes dont il est susceptible, sinon comme subversive du bon sens, du moins comme présentant des exigences incompatibles avec la réalisation de ses vues sages.

Ne serait-il donc pas possible de revenir à ses enseignements, de suivre sa trace, et, nous le répétons, sans s'astreidre à l'imitation de la forme de ses ouvrages, se pénétrer des idées et du grand but qui le dirigeaient en les composant? On voit à leur variété, à leur importance, à l'influence salutaire qu'ils ont exercée sur les mœurs, quelles riches ressources offre la comédie. Son domaine n'est-il donc pas assez beau, assez vaste? Est-il vraiment indispensable d'en reculer les bornes, et ne devrait-il pas suffire même aux plus ambitieux?

Molière, qui s'en est contenté, l'a parcouru dans toute son étendue; il a touché à ses limites les plus opposées, mais sans jamais les franchir, parce qu'il savait bien qu'au delà il n'y avait plus de routes sûres, et que l'on ne pouvait que s'égarer et se perdre.

Assurément les doctrines les plus saines sont impuissantes à former les bons auteurs, s'ils n'ont reçu du ciel, comme le dit Boileau, l'influence secrète, mais peut-être n'est-il pas inutile de les rappeler aux jeunes talents qui, faute souvent d'une bonne direction au début de leur carrière, suivent une route dans laquelle, une fois engagé, il est bien difficile de revenir sur ses pas.

Supérieur à tout par la raison, Molière n'a payé aucun tribut aux travers de son siècle. Son théâtre, comme celui de Shakspeare, n'est point entaché de l'euphuisme, genre d'esprit abstrait, espèce de métaphysique subtile introduite dans le langage, et fort à la mode du temps d'Élisabeth, qui, de l'aveu même de M. Guizot, dépare les plus beaux ouvrages de l'auteur d'*Hamlet*, et rend souvent son dialogue inintelligible. Molière, lui, sut se garantir du jargon précieux, en si grand honneur à l'hôtel Rambouillet, sorte d'euphuisme aussi, répandu déjà dans le grand monde et parmi les beaux esprits de ce temps. Il en fit bonne justice, et sans lui, peut-être, ce jargon recherché, qui dénaturait et corrompait la langue, eût exercé sur l'avenir de la littérature une influence des plus funestes.

C'est à tous ces titres, nous le répétons, que Molière doit être la constante étude des jeunes auteurs. Il a porté l'art de la comédie à son apogée, deux siècles de succès l'attestent, et tout fait présumer qu'en dépit des novateurs, il en sera longtemps encore le modèle et la gloire.

Peut-être nous reprochera-t-on, après la lecture de ce travail, de ne nous être pas assez renfermé dans la question proposée; mais il ne faut pas oublier qu'en prescrivant de rechercher l'influence que les mœurs ont exercée sur la comédie, la Société a entendu provoquer, ce sont les termes exprès de son programme, *un examen littéraire et philosophique des œuvres comiques qui ont paru sur notre théâtre, avec le plus de succès, depuis Molière.*

Nous ne croyons donc pas nous être trop écarté de la proposition en appréciant ces œuvres avec quelque développement, sous le rapport de la poétique du théâtre. Quant aux critiques, peut-être un peu sévères, que nous en avons faites, on ne se méprendra pas, nous l'espérons, sur la pensée qui nous les a dictées ; elles ont bien moins pour but, en effet, d'attaquer le talent des auteurs, que de constater les grandes et nombreuses difficultés de l'art.

Janvier 1848.

# ÉTUDES

SUR LES ROLES

DU MISANTHROPE ET DU TARTUFE.

# LETTRE

## SUR LE MISANTHROPE[1].

Il n'est pas toujours aussi facile qu'on pourrait le croire de bien comprendre un rôle et de se faire une idée exacte de son caractère. Ce qui le prouve, ce sont les modifications, les transformations même que de grands acteurs, dans le courant de leur carrière, ont fait subir à ceux qu'ils avaient primitivement joués avec un éclatant succès, éclairés sur leurs fautes, soit par les lumières d'autrui, soit par celles que l'expérience ou de plus mûres réflexions leur avaient acquises.

On sait ce qui arriva à Le Kain pour le Gengis-

[1] Cette lettre et celles qui la suivent font partie d'un ouvrage sur l'art du comédien. Elles sont adressées à un jeune élève que des circonstances auraient pour quelque temps éloigné de son maître.

Kan de *l'Orphelin de la Chine,* et combien sa méprise fut complète sur ce rôle. Comment ne serait on pas exposé à se tromper sur celui du misanthrope, lorsque de grands écrivains, des critiques justement renommés, en ont fait des appréciations si diverses!

Rousseau n'a vu, lui, dans le personnage d'Alceste, qu'un homme droit, sincère, équitable, un véritable homme de bien que Molière, par les travers qu'il lui prête, a dégradé à dessein pour l'immoler à la risée du parterre; aussi ne l'accuse-t-il de rien moins que d'avoir joué la vertu et de l'avoir rendue ridicule. Cette opinion souleva contre lui, dans son temps, une vive polémique, et plusieurs écrivains distingués, quoique d'un mérite bien inférieur au sien, le réfutèrent cependant avec succès. La Harpe surtout, en relevant les erreurs de Rousseau, restitua au misanthrope son véritable caractère; il démontra parfaitement en quoi ce personnage est ridicule et condamnable malgré les généreux instincts auxquels il obéit; et c'est, sans doute,

à cet excellent critique, si décrié de nos jours,
qu'il faut encore renvoyer les jeunes comédiens
jaloux d'étudier les chefs-d'œuvre de nos maîtres.
Néanmoins ses jugements, pour la plupart très
judicieux, ne sont pas toujours exempts d'erreur,
et sur un point capital du rôle d'Alceste, il pourrait bien aussi s'être un peu fourvoyé.

Mon but dans cette lettre, mon cher élève, est
d'essayer sous vos yeux l'analyse de ce rôle difficile; d'ajouter, si je le puis, quelques traits aux
observations presque toutes excellentes de La
Harpe, et d'en rectifier, ou plutôt d'en modifier
certaines autres, si ce n'est pas de ma part une
trop grande témérité.

Cela dit, j'entre en matière :

Tous ceux qui ont écrit sur le misanthrope, sans
en excepter La Harpe, me semblent avoir fait généralement à ce personnage une trop large part
sous le rapport de la vertu. D'abord il faut admettre que l'on peut posséder certaines qualités
précieuses, telles que la droiture, la sincérité,
la franchise, sans être pour cela précisément

vertueux. Plus tard, nous aurons occasion de rappeler ce que Molière veut que l'on entende par vertu, et en quoi il l'a fait consister principalement dans les rapports sociaux.

Pour le moment nous poserons cette simple question : Celui qui hait ses semblables, alors même que sa haine prendrait sa source dans un sentiment élevé, peut-il être considéré comme un homme vertueux? Il est permis d'en douter. De quel prix, en effet, serait à nos yeux la vertu, si elle ne nous rendait pas meilleurs? si son plus précieux avantage n'était pas de disposer nos cœurs, quels que soient les vices et les imperfections de nos semblables, à les aimer, ou du moins à les plaindre, et non à les haïr? On doit admettre et reconnaître aussi que si la vertu chez quelques-uns provient naturellement d'une excessive bonté de cœur, chez le plus grand nombre elle est l'heureux triomphe du jugement et de la raison sur les mauvais penchants du caractère. Or, Alceste a-t-il cette excessive bonté dont je parle, ou bien cette raison, ce jugement, qui tempèrent et règlent nos passions? Non, assurément. Dès lors, il est facile de conclure.

Mais voici, au contraire, en quoi la leçon de Molière est admirable. Il peint dans Alceste un homme d'honneur, de probité, et qui, sous ce rapport, a droit à nos respects malgré les défauts de son humeur et les travers de son esprit. Cet homme a des sentiments élevés, ses instincts sont généreux, il ne fait rien qu'en vue de la vertu, elle est le mobile de toutes ses actions, et bien qu'il l'aime avec ardeur, avec passion, cet homme n'est cependant pas vertueux. Il ne l'est pas, non, comme le dit La Harpe, parce qu'il pousse la vertu jusqu'à l'excès, mais plutôt parce qu'il s'en fait une idée complétement fausse. Mais, pour s'aveugler si étrangement, cet Alceste est-il donc un être vulgaire, borné, sans éducation? Non; Molière le place dans le plus haut rang de la société; il en fait un personnage de très grande condition, d'un esprit cultivé, qui raisonne, sinon bien, du moins d'une manière souvent spécieuse; qui explique énergiquement les motifs de sa haine contre le genre humain, et s'indigne avec éloquence des ménagements que l'on garde vis-à-vis des vicieux :

> Oui, je hais tous les hommes :
> Les uns parce qu'ils sont méchants ou malfaisants,
> Et les autres, pour être aux méchants complaisants,
> Et n'avoir pas pour eux ces haines vigoureuses
> Que doit donner le vice aux âmes vertueuses.

Et cependant il n'est pas vertueux. De plus, Molière lui fait débiter des maximes et des sentences qui témoignent de toute la pureté de ses principes :

> Je veux qu'on soit sincère, et qu'en homme d'honneur
> On ne dise aucun mot qui ne parte du cœur.
> . . . . . . . . . . . .
> Non, morbleu ! c'est à vous ; et vos ris complaisants
> Tirent de son esprit tous ces traits médisants.
> Son humeur satirique est sans cesse nourrie
> Par le coupable encens de votre flatterie ;
> Et son cœur à railler trouverait moins d'appas
> S'il avait observé qu'on ne l'applaudît pas.

> C'est ainsi qu'aux flatteurs on doit partout se prendre
> Des vices où l'on voit les humains se répandre.

Et cependant il n'est pas vertueux. Est-ce donc un hypocrite ou un fanfaron de vertu? Ni l'un ni l'autre. Il ne se couvre d'aucun masque pour faire des dupes; il ne tient nullement à l'opinion qu'on peut avoir de son honneur ou de sa sagesse.

> Tous les hommes me sont à tel point odieux,
> Que je serais fâché d'être sage à leurs yeux!

Il n'a certes aucun des vices qu'il relève et condamne dans les autres, et cependant il n'est pas vertueux. Mais d'où vient qu'il ne l'est pas? Cela vient d'un seul défaut, et ce défaut, c'est une sorte d'orgueil qui ternit en lui toutes ses bonnes qualités, qui lui fausse le jugement, qui le domine sans cesse et qui le rend, sous le rapport de la vertu, ce que l'on voit être plus d'un dévot en matière de religion, dur, absolu, intolérant, implacable. Et quel autre sentiment que l'orgueil peut le porter à régenter tout le monde comme il le fait? N'est-ce pas s'avouer à soi-même la supériorité de sa sagesse et de sa vertu que de s'arroger un tel droit? Et quand cela serait, en effet? Quand même Alceste pourrait se croire, avec raison, plus vertueux que tout autre, s'ensuit-il que ses censures devraient éclater avec tant d'aigreur, tant de sévérité, tant de violence? Sa vertu l'a-t-elle donc rendu parfait? Est-il bien sûr de n'être vulnérable par aucun endroit, et de n'avoir pas besoin, pour quelque faiblesse, de cette indulgence dont il se montre si dépourvu envers autrui?

Pour rendre Alceste sans excuse, pour mieux faire ressortir son coupable entêtement (et qu'est-ce que l'entêtement sinon de l'orgueil?), Molière a placé près de lui un homme véritablement sage et vertueux, Philinte, ami dévoué, qui lui fait toucher du doigt ses erreurs, qui l'avertit des étranges méprises dans lesquelles il tombe sans cesse. On remarquera que dans toutes leurs discussions Alceste n'avance aucun argument qui ne soit aussitôt, et en peu de paroles, ruiné par Philinte : c'est que Philinte est doué de ce jugement, de cette raison qui font voir les choses sous leur véritable aspect et nous montre les distinctions que l'on doit établir entre elles ; dons précieux, qu'il faut absolument posséder pour être vertueux, puisque, sans leur secours, on ne saurait être juste.

Lorsqu'Alceste s'écrie :

> Je veux que l'on soit homme, et qu'en toute rencontre
> Le fond de notre cœur dans nos discours se montre,
> Que ce soit lui qui parle, et que nos sentiments
> Ne se masquent jamais sous de vains compliments...

il pose là un principe qui sans doute est très bon en lui-même, mais dont on ne doit jamais faire indistinctement l'application, sous peine de le rendre très mauvais.

Il est fort bien de dire ce que l'on pense avec sincérité, mais non dans toutes les circonstances : c'est là une de ces vérités vulgaires qu'Alceste ne devrait pas ignorer, et dont cependant il ne tient aucun compte. S'il s'agit d'ouvrir un avis utile sur quelque objet important, vous ferez bien de le donner avec pleine franchise, quand même cet avis serait peu flatteur et de nature à blesser la personne qui le recevrait, parce qu'alors vous obéissez à un sentiment louable. La certitude ou le désir de rendre service l'emporte à vos yeux sur la crainte de déplaire; mais si vous allez dire à la vieille Émilie, par la seule raison que ses prétentions à la jeunesse sont ridicules et vous déplaisent,

> Qu'à son âge il sied mal de faire la jolie,
> Et que le blanc qu'elle a scandalise chacun...

ou bien à Dorilas :

> Qu'il est trop importun,
> Et qu'il n'est à la cour oreille qu'il ne lasse
> A conter sa bravoure et l'éclat de sa race...

vous ne faites preuve vis-à-vis d'eux ni de sincérité ni de franchise, vous ne leur montrez que de la grossièreté. — C'est par de semblables raisonnements que Philinte cherche en tout à éclairer son ami, et dans l'occasion il joint l'exemple au précepte comme dans la scène du sonnet. Certes il n'y a pas à se méprendre sur le personnage d'Oronte, ni sur le but de sa démarche. C'est un de ces beaux esprits avides de louanges, qui, sous le prétexte modeste de demander des conseils, ne veulent que vous lire leurs ouvrages, et recevoir des compliments. Voyez par quelles flatteries il cherche à se rendre Alceste favorable :

> L'estime où je vous tiens ne doit pas vous surprendre,
> Et de tout l'univers vous la pouvez prétendre.
> . . . . L'État n'a rien qui ne soit au-dessous
> Du mérite éclatant que l'on découvre en vous.
> . . . Oui, pour ma part, je vous tiens préférable
> A tout ce que j'y vois de plus considérable.
> . . Sois-je du ciel écrasé si je mens !.....
> . . . . . . . . . .
> Enfin, je suis à vous de toutes les manières ;
> Et comme votre esprit a de grandes lumières,
> Je viens, pour commencer entre nous ce beau nœud,
> Vous montrer un sonnet que j'ai fait depuis peu,
> Et savoir s'il est bon qu'au public je l'expose.

Pour justifier ce que la franchise d'Alceste a d'impoli et d'inconvenant dans cette scène, on ne manque pas de dire que d'abord il refuse d'être le juge d'Oronte :

> Monsieur, je suis mal propre à décider la chose ;
> Veuillez m'en dispenser.

Qu'il en donne la raison :

> J'ai le défaut
> D'être un peu plus sincère en cela qu'il ne faut.

Mais qu'Oronte ayant insisté en ces termes :

> C'est ce que je demande, et j'aurais lieu de plainte
> Si, m'adressant à vous pour me parler sans feinte,
> Vous alliez me trahir et me déguiser rien.

Il finit par répondre :

> Puisqu'il en est ainsi, monsieur, je le veux bien.

Que dès lors sa conduite n'a rien de répréhensible ; que voulant être sincère, il n'en pouvait pas tenir d'autre vis-à-vis d'Oronte ; qu'il fallait, ou qu'il refusât la qualité de juge, ou qu'il ne l'acceptât qu'avec la condition expresse d'exprimer librement sa pensée, comme il le fait.

Molière aurait mal compris son personnage, et n'aurait pas atteint son but, s'il n'eût donné aux actions comme aux paroles du misanthrope, non-seulement de la franchise et de la noblesse, mais aussi quelque chose de logique, du moins à ce qu'il semble d'abord. C'est précisément parce que les unes et les autres ont souvent toutes les apparences de la justice et de la raison, c'est parce qu'elles peuvent séduire et faire commettre de dangereuses méprises, que la peinture de ce caractère est si instructive et si morale.

Le tort d'Alceste est ici de dire la vérité à un homme qui certainement ne la désire pas, bien qu'il ait l'air de la solliciter, qui redoute, au contraire, toute espèce de critique, comme il est aisé d'en juger par les précautions oratoires dont il use avant la lecture de son sonnet :

« Sonnet... » C'est un sonnet. « L'espoir... » C'est une dame

Qui de quelque espérance avait flatté ma flamme.
« L'espoir... » Ce ne sont pas de ces grands vers pompeux,
Mais de petits vers doux, tendres et langoureux.
. . . . « L'espoir... » Je ne sais si le style
Pourra vous en paraître assez net et facile,
Et si du choix des mots vous vous contenterez...
. . . . . . Au reste, vous saurez
Que je n'ai demeuré qu'un quart d'heure à le faire.

À moins de dire aux gens en propres termes : «Pour Dieu! ne trouvez rien à reprendre à mes vers, faites-en de grâce l'éloge sans restriction, autrement vous me désobligeriez trop,» on ne saurait être plus clair. L'importance qu'Oronte attache à son sonnet, le soin qu'il prend de venir consulter pour savoir s'il doit le publier, montrent assez tout le ridicule de sa vanité, et combien ce serait peine perdue de chercher à l'éclairer ou de le détourner de son dessein. La vérité ne se doit donc pas à un tel homme. C'est ce que Philinte a tout de suite compris, et sans prendre au sérieux la poésie d'Oronte, sans la juger rigoureusement au point de vue de l'art, il l'apprécie pour ce qu'elle vaut, et s'empresse d'en faire l'éloge, moins peut-être pour exprimer sa véritable pensée que pour donner le ton à son ami, et lui faire comprendre que la sincérité serait déplacée en pareil cas. Aussi, dès les premiers vers, s'écrie-t-il :

> Je suis déjà charmé de ce petit morceau.

Et plus loin :

> Ah! qu'en termes galants ces choses-là sont mises!...
> La chute en est jolie, amoureuse, admirable!

Mais comme, d'après son faux système, et malgré les sages avertissements de Philinte, Alceste s'est fait un point d'honneur de dire en tout la vérité, il ne l'épargne pas à Oronte, lequel s'en irrite et soutient que ses vers sont fort bons. Aveu naïf, qui aurait dû, comme le fait observer La Harpe, « empêcher Alceste d'aller
« plus loin. Il avait satisfait à ce qu'il croyait son
« devoir. Il avait déclaré sa pensée. N'est-il pas
« clair que tout le dialogue qui suit n'est qu'un

« combat, où l'amour-propre du censeur lutte
« contre l'amour-propre du poëte? »

Les choses vont si loin que ce prétendu sage, pour ne pas démordre de son opinion sur un sujet futile, est au moment de s'aller couper la gorge avec un homme qui ne l'a nullement offensé, et dont le seul tort est de défendre ses faibles vers. Mais Philinte, en supposant que dans le fond il ait trouvé comme Alceste le sonnet détestable, Philinte, qui dans cette circonstance a cru devoir néanmoins dissimuler la vérité, parce qu'elle était désobligeante et tout à fait inutile à dire, Philinte use-t-il de la même réserve quand sa franchise lui semble véritablement nécessaire? en un mot, épargne-t-il la vérité à son ami? Non, il la lui dit à chaque instant, et sous toutes les formes; tantôt sérieusement, comme dans ces vers :

> Non, tout de bon, quittez toutes ces incartades ;
> Le monde par vos soins ne se changera pas.
> Et puisque la franchise a pour vous tant d'appas,
> Je vous dirai tout franc que cette maladie

> Partout où vous allez donne la comédie,
> Et qu'un si grand courroux contre les mœurs du temps
> Vous tourne en ridicule auprès de bien des gens.

Tantôt avec ironie, comme dans ceux-ci :

> Je m'étonne, pour moi, qu'étant, comme il me semble,
> Vous et le genre humain si fort brouillés ensemble,
> Malgré tout ce qui peut vous le rendre odieux,
> Vous ayez pris chez lui ce qui charme vos yeux...

Je le répète, Alceste est sans excuse, puisque un ami sincère l'avertit incessamment de ses fautes, le met souvent même dans l'impossibilité de les nier, et que néanmoins, loin de s'en corriger, par opiniâtreté, par orgueil, il se fait gloire d'y résister. Ce n'est donc pas là un sage, bien qu'il fasse la leçon à tout le monde; ce n'est pas davantage un homme vertueux, bien qu'il croie l'être plus que personne.

S'il suffisait, pour mériter ce titre, de détester le vice ou de déclamer contre les vicieux, en vérité on l'obtiendrait sans beaucoup de peine. Par malheur, la vertu est une conquête plus difficile, et Philinte, dans l'appréciation qu'il en fait au cinquième acte, s'attache à montrer combien elle exige de nous de patience, de douceur et de résignation. Les belles paroles que Molière a placées dans sa bouche devraient toujours être présentes à notre mémoire et nous servir de règle de conduite. Elles sont en outre un argument de la logique la plus puissante contre le faux système d'Alceste, et Molière semble l'avoir réservé pour le dernier afin de le confondre. En effet, le misanthrope n'y peut rien répliquer, lui qui d'ordinaire trouve cependant réponse à tout. Exaspéré par la perte de son procès, il veut se retirer, comme il le dit, du commerce des hommes, et s'écrie, en imposant silence à son ami qui cherche à le détourner de ce dessein :

> Mais enfin, vos soins sont superflus.
> Que pouvez-vous, monsieur, me dire là-dessus?
> Aurez-vous bien le front de me vouloir en face
> Excuser les horreurs de tout ce qui se passe?

Voici cette belle réponse de Philinte, d'une

raison si élevée, quoique en apparence si simple,
et dont la morale a quelque chose d'évangélique :

> Non, je tombe d'accord de tout ce qu'il vous plaît :
> Tout marche par cabale et par pur intérêt ;
> Ce n'est plus que la ruse aujourd'hui qui l'emporte,
> Et les hommes devraient être faits d'autre sorte.
> Mais est-ce une raison que leur peu d'équité
> Pour se vouloir tirer de leur société ?
> Tous ces défauts humains nous donnent dans la vie
> Cent moyens d'exercer notre philosophie ;
> C'est le plus bel emploi que trouve la vertu ;
> Et si de probité tout était revêtu,
> Si tous les cœurs étaient francs, justes et dociles,
> La plupart des vertus nous seraient inutiles,
> Puisqu'on en met l'usage à pouvoir, sans ennui,
> Supporter dans nos droits l'injustice d'autrui.

Voilà en effet à quel prix on peut être vertueux.
La vertu ne consiste pas à signaler les vices humains, à déclamer contre eux, à les détester, à
s'en préserver même ; son emploi le plus beau,
comme le dit Molière, est de nous apprendre à

les supporter dans autrui avec douceur et résignation.

On pourrait avancer qu'il n'y a pas de vertu sans sacrifices, et ces sacrifices sont d'autant plus pénibles qu'ils froissent toujours en nous quelqu'un de nos sentiments, de nos affections ou de nos droits. C'est pourquoi la vertu véritable est d'une pratique si difficile. Eh bien! de ces sacrifices qu'elle exige sans cesse de nous, voit-on Alceste s'en imposer aucun? Non, certes. Toujours véhément, toujours passionné, sourd aux plus sages remontrances de l'amitié, il n'obéit qu'à ses emportements, et demeure inébranlable dans ses mauvaises résolutions. Lui fait-on observer que l'arrêt qui le condamne, et dont il se montre si courroucé, n'étant qu'en premier ressort, n'entraîne point la perte de son procès,

> Et qu'il est en justice aisé d'y revenir;

il répond :

> Quelque sensible tort que cet arrêt me fasse,
> Je me garderai bien de vouloir qu'on le casse;

SUR LE MISANTHROPE.

> On y voit trop à plein le bon droit maltraité,
> Et je veux qu'il demeure à la postérité,
> Comme une marque insigne, un fameux témoignage
> De la perversité des hommes de notre âge.
> Ce sont vingt mille francs qu'il m'en pourra coûter ;
> Mais pour vingt mille francs j'aurai droit de pester
> Contre l'iniquité de la nature humaine,
> Et de nourrir pour elle une immortelle haine.

Lui fait-on voir que l'humeur coquette de celle dont il est si follement épris doit le rendre malheureux à toujours, et que la douce et sincère Éliante, qui sait apprécier son mérite, serait un choix plus digne de lui, il répond :

> Il est vrai, la raison me le dit chaque jour,
> Mais la raison n'est pas ce qui règle l'amour.

Enfin, lui démontre-t-on jusqu'à l'évidence que la vertu, dont il est un apôtre si passionné, exigerait de sa part une conduite diamétralement opposée à celle qu'on lui voit tenir, il répond :

> Je sais que vous parlez, monsieur, le mieux du monde ;
> En beaux raisonnements vous abondez toujours ;

Mais vous perdez le temps et tous vos beaux discours.
La raison, pour mon bien, veut que je me retire.
Je n'ai pas sur ma langue un assez grand empire;
De ce que je dirais je ne répondrais pas,
Et je me jetterais cent choses sur les bras.

Non, la raison ne veut pas que vous vous retiriez; elle veut, au contraire, que vous restiez parmi vos semblables, mais sans exiger d'eux une droiture, une honnêteté qu'ils ne peuvent tous posséder. Elle veut aussi que vous ayez sur votre langue cet empire que vous obtiendriez sans doute si vous pouviez vous astreindre à quelque effort un peu pénible, ce dont vous ne voulez pas même faire la moindre tentative. Singulière vertu, singulière sagesse que celles d'Alceste, on en conviendra, qui lui font mépriser en tout les conseils de la raison pour s'abandonner sans contrainte et donner satisfaction entière à ses ressentiments ou à ses passions!

On a fait à Molière le reproche, peu fondé ce me semble, d'avoir peint dans Alceste un travers

exceptionnel, une monomanie bizarre, enfin une
excentricité dont le duc de Montausier lui aurait
offert le modèle; comme s'il eût pu ignorer, lui
Molière, qu'un des préceptes de l'art prescrit de
n'exposer sur la scène que des vices et des ridicules généraux. Sans doute un personnage absolument semblable à celui du Misanthrope, poussant aussi loin qu'il le fait les défauts de son
humeur, se rencontrerait difficilement dans le
monde; mais outre que le théâtre (et personne
ne l'ignore) est une sorte d'optique où les tableaux
qu'on nous montre ont besoin, pour produire de
l'effet, que les touches en soient un peu forcées,
Molière, lorsqu'il avait à peindre quelque caractère, ne se contentait pas, comme beaucoup de
ses confrères, d'en esquisser une maigre silhouette; il procédait tout différemment : sa
manière large lui faisait concentrer sur son personnage, pour en former une figure frappante,
les traits les plus saillants qu'il avait observés
chez vingt individus affectés du même vice ou
du même travers; aussi n'est-ce pas seulement

les hommes de son époque, le misanthrope, l'avare et le tartufe du dix-septième siècle, qu'il nous a montrés dans ses ouvrages, c'est mieux que cela : c'est la misanthropie, l'avarice et l'hypocrisie mêmes dont il a fait à la fois la peinture la plus saisissante et la plus vraie.

Mais si la complète ressemblance d'Alceste n'existe pas, combien de gens ont avec lui des rapports frappants ! Que d'esprits chagrins, que de prétendus sages (très honnêtes d'ailleurs) croient, à son exemple, avoir assez fait pour la vertu quand ils ont bien déblatéré contre la perversité humaine ! Combien de gens aussi, mal préparés, mal armés pour une lutte que cependant ils devraient savoir inévitable, n'opposent aux revers qui les frappent ni plus de raison, ni plus de courage, et sont tout prêts, comme Alceste, pour la perte d'un procès, la trahison d'une maîtresse ou quelque autre disgrâce, à se séquestrer du monde,

A fuir dans un désert l'approche des humains.

Alceste enfin ne pourrait-il être aussi considéré, à certains égards, comme la peinture de ces écrivains acrimonieux, de ces réformateurs téméraires, faux philosophes de tous les temps, qui, rêvant pour l'humanité un bonheur et une perfection chimériques, crient sans cesse à la démoralisation, attaquent tout avec violence, et qui, s'évertuant à ne montrer dans leurs écrits que les mauvais aspects de notre nature, à n'étaler aux yeux que les plaies de la société, jettent surtout le découragement dans les jeunes esprits, et leur inspirent trop souvent, comme on l'a pu voir de nos jours, ce dégoût de la vie, funeste précurseur du suicide?

La sombre humeur d'Alceste est donc un mal plus commun qu'on ne croit. Grand nombre d'individus en sont affectés à des degrés différents, ce qui ne devrait pas surprendre si l'on songeait que la misanthropie est, en général, le refuge des esprits médiocres, faibles ou orgueilleux. Molière, en nous en montrant toute la fausse vertu, toute la fausse sagesse, ne pouvait

pas donner de leçon plus utile ; car, pour n'être,
si l'on veut, qu'un défaut de l'esprit, la misanthropie exerce peut-être sur les mœurs une influence plus fâcheuse que beaucoup de nos vices
dont la laideur même est un puissant préservatif
contre leur imitation.

L'avarice, pour n'en citer qu'un seul, l'avarice
ne saurait être d'un exemple bien dangereux, le
mépris qu'on en a est trop universel, et les malheureux qu'elle possède s'en cachent eux-mêmes
comme de quelque chose de honteux ; car ils n'i-
gnorent pas de quelles épithètes on les flétrit partout. Il n'en est pas ainsi de la misanthropie : loin
de s'en cacher, on semble au contraire s'en faire
gloire, et le nom de misanthrope est si peu offen-
sant, qu'au lieu de le renier, on le revendiquerait
plutôt comme une qualification honorable : c'est
qu'en effet un des mille préjugés qui nous gou-
vernent nous prévient en faveur des gens de ce
caractère ; c'est que nous aurions certainement
meilleure opinion dans le monde de celui qui
s'écrierait comme Alceste :

> J'entre en une humeur noire, en un chagrin profond,
> Quand je vois vivre entre eux les hommes comme ils font.
> Je ne trouve partout que basse flatterie,
> Qu'injustice, intérêt, trahison, fourberie ;
> Je n'y peux plus tenir, j'enrage, et mon dessein
> Est de rompre en visière à tout le genre humain.

que de celui qui dirait avec Philinte :

> Je vois tous ces défauts, dont votre âme murmure,
> Comme vices unis à l'humaine nature ;
> Et mon esprit enfin n'est pas plus offensé
> De voir un homme fourbe, injuste, intéressé,
> Que de voir des vautours affamés de carnage,
> Des singes malfaisants et des loups pleins de rage.
> . . . . . . . . . . . .
> Je prends tout doucement les hommes comme ils sont,
> J'accoutume mon âme à souffrir ce qu'ils font ;
> Et je crois qu'à la cour, de même qu'à la ville,
> Mon flegme est philosophe autant que votre bile.

L'indignation de l'un nous donnerait de sa vertu la plus haute idée, la résignation de l'autre nous ferait presque douter de la sienne ; et Rousseau ne manque pas de dire que les maximes de

Philinte ressemblent beaucoup à celles des égoïstes et des fripons; il va même, d'après l'idée qu'il s'était formée de ces deux personnages, jusqu'à refaire le plan de Molière :

« Il fallait, dit-il, que le Misanthrope fût tou-
« jours furieux contre les vices publics, et tou-
« jours tranquille sur les méchancetés person-
« nelles dont il était la victime. Au contraire, le
« philosophe Philinte devait voir tous les désor-
« dres de la société avec un flegme stoïque, et se
« mettre en fureur au moindre mal qui s'adressait
« directement à lui. En effet, j'observe que ces
« gens si paisibles sur les injustices publiques
« sont toujours ceux qui font le plus de bruit au
« moindre tort qu'on leur fait, et qu'ils ne gar-
« dent leur philosophie qu'aussi longtemps qu'ils
« n'en ont pas besoin pour eux-mêmes. »

C'est d'après cette donnée que Fabre d'Églantine a composé un ouvrage qu'il n'a pas craint d'intituler *le Philinte de Molière*, bien qu'il ne soit en réalité que le Philinte de Rousseau. Du reste, il est curieux de voir dans quelle erreur cette vertu d'Alceste a fait tomber non-seulement des gens sensés, mais encore des esprits d'élite.

Fénelon (qui l'aurait pu croire?), Fénelon s'y méprend aussi, et, comme Jean-Jacques, il jette son blâme à Molière :

« Un autre défaut de Molière (dit-il dans sa
« lettre à l'Académie française), que beaucoup
« de gens d'esprit lui pardonnent et que je n'ai
« garde de lui pardonner, est qu'il a donné un
« tour gracieux au vice, avec une austérité ridi-
« cule et odieuse à la vertu. »

Le duc de Montausier, à qui l'on disait que Molière l'avait eu en vue en composant son *Misanthrope*, répondit « que rien ne pouvait le flatter « davantage, et qu'il souhaiterait d'être assez « vertueux pour lui ressembler. » Si on lui eût dit que c'était au personnage de Philinte qu'il avait servi de modèle, il est à parier qu'il n'eût pas fait la même réponse.

Enfin Chamfort, dans son éloge de Molière, dit « que l'auteur montre par la supériorité con-
« stante d'Alceste sur tous les autres personnages

« que la vertu, malgré le ridicule où son austérité « l'expose, éclipse tout ce qui l'environne. » Phrase assez vide de sens ; car comme, à l'exception d'Éliante et de Philinte, tous les autres personnages de la pièce sont plus ou moins vicieux ou ridicules, depuis Célimène, la détestable coquette, jusqu'au vindicatif Oronte, le mérite de les éclipser ne saurait être bien grand pour Alceste, et rien ne prouverait là, ce me semble, l'ascendant de sa vertu. A la bonne heure s'il éclipsait Philinte ; mais c'est ce qui n'est pas, et Molière, pour ne l'avoir placé qu'au second plan, n'en a pas moins fait le véritable sage de la pièce.

Dans ses discours comme dans ses actions, sa supériorité sur Alceste est incontestable. De quelle bonté, de quelle patience ne fait-il pas preuve quand son irascible ami l'apostrophe à tout moment des noms de lâche, de vil complaisant, et que, nonobstant cela, il s'interpose toujours entre ses adversaires et lui pour apaiser tout conflit et le ramener à des sentiments plus raisonnables, comme dans l'affaire des maréchaux de France au sujet d'Oronte !

Quelle délicatesse est la sienne quand il s'abstient de déclarer ses sentiments à Éliante qu'il aime, dans la pensée qu'Alceste serait plus heureux avec elle, s'il pouvait se dégager des liens de l'indigne Célimène !

Enfin, au dernier acte, lorsqu'Éliante lui accorde sa main, et que le malheureux Alceste, qui se croit trahi de toutes parts, déclare en s'éloignant qu'il va

> . . . Sortir d'un gouffre où triomphent les vices,
> Et chercher sur la terre un endroit écarté
> Où d'être homme d'honneur on ait la liberté. . .

Philinte ne montre-t-il pas encore pour lui tout son dévouement? Moins occupé de son amour qu'affligé de la résolution de son ami, son premier soin est de dire à Éliante :

> Allons, madame, allons employer toute chose
> Pour rompre le dessein que son cœur se propose.

Est-ce là de l'égoïsme? N'est-ce pas, au contraire, de la vertu? et pourrait-on en dire autant de la conduite d'Alceste? Quel acte de vertu fait-il dans la pièce? Aucun. Mais, dira-t-on, au dénouement, lorsque les marquis et la prude Arsinoé ont dévoilé l'odieux manége de Célimène, et qu'ils se sont retirés après l'avoir accablée de leurs traits satiriques et de leurs mépris; dans cette scène, où la coquette immobile, interdite, est demeurée là, les yeux baissés, humiliée et confuse, l'action d'Alceste qui, malgré cet éclat, lui pardonne et lui fait offre encore de l'épouser, n'a-t-elle pas quelque chose de noble, de généreux et de touchant? Oui, lui dit-il,

> Je veux bien, perfide, oublier vos forfaits ;
> J'en saurai dans mon âme excuser tous les traits,
> Et me les couvrirai du nom d'une faiblesse
> Où les vices du temps portent votre jeunesse,
> Pourvu que votre cœur veuille donner les mains
> Au dessein que j'ai fait de fuir tous les humains,
> Et que dans mon désert où j'ai fait vœu de vivre
> Vous soyez à l'instant résolue à me suivre.

> C'est par là seulement que, dans tous les esprits,
> Vous pouvez réparer le mal de vos écrits,
> Et qu'après cet éclat qu'un noble cœur abhorre
> Il peut m'être permis de vous aimer encore.

Ainsi la dégradation de sa maîtresse ne le fait pas désespérer d'elle; il lui ouvre la voie du repentir, il l'exhorte à la suivre, et pour peu qu'elle y consente, il sera heureux de l'absoudre de toutes ses fautes. Des sentiments aussi élevés, une conduite aussi digne, ne témoignent-ils pas de toute sa vertu?

Voilà, pour justifier une opinion erronée, comme on dénature les faits les plus simples. L'action d'Alceste, loin de faire voir ici la force de sa vertu, montre plutôt que dans cette circonstance, comme dans beaucoup d'autres, il n'en a pas assez pour se vaincre, pour triompher d'une passion condamnable et qu'il se reproche amèrement.

Lisez donc ce qui précède, et vous verrez que lui-même se fait meilleure justice :

> Je sais combien je dois vous paraître coupable,

lui dit Célimène;

> Que toute chose dit que j'ai pu vous trahir,
> Et qu'enfin vous avez sujet de me haïr :
> Faites-le, j'y consens.
> — Hé! le puis-je, traîtresse?

répond Alceste;

> Puis-je ainsi triompher de toute ma tendresse?
> Et quoique avec ardeur je veuille vous haïr,
> Trouvé-je un cœur en moi tout prêt à m'obéir?

Puis, se tournant vers Éliante et Philinte,

> Vous voyez ce que peut une indigne tendresse,
> Et je vous fais tous deux témoins de ma faiblesse.
> Mais, à vous dire vrai, ce n'est pas encor tout,
> Et vous allez me voir la pousser jusqu'au bout,
> Montrer que c'est à tort que sages on nous nomme,
> Et que dans tous les cœurs il est toujours de l'homme.

Et c'est après cet aveu pénible qu'il lui propose de le suivre dans son désert.

Mais, dira-t-on encore, comment expliquez-vous le penchant d'Éliante pour Alceste? Elle a donc de sa vertu une opinion plus favorable, puisqu'elle avoue hautement l'intérêt qu'il lui inspire? Et de la part d'une personne aussi accomplie, cette opinion est bien de quelque poids.

Le personnage d'Éliante est tout juste ce qu'il doit être dans l'ouvrage pour servir les vues de l'auteur. Il n'y est pas placé pour rendre excusable ou pour justifier par son approbation le caractère d'Alceste, mais bien pour faire voir que de même que le Misanthrope a pu inspirer une amitié sincère à l'homme le plus sage de la pièce, il pouvait aussi, en raison de ses précieuses qualités, faire naître de tendres sentiments à l'aimable Éliante, ce qui contribue certainement à mieux faire ressortir cette humeur sauvage, cet esprit irascible qui chez Alceste ternissent ses belles qualités.

Et n'est-ce pas une combinaison heureuse de Molière, ayant à punir le fol orgueil de ce sage prétendu, dominé par une passion méprisable, et néanmoins si sévère pour autrui, que d'avoir placé tout près de l'odieuse coquette qui le subjugue une autre femme, jeune, belle, honnête, pleine de douceur et de franchise, dont les sentiments lui étaient d'abord favorables, et près de qui sans doute il eût trouvé le bonheur? Car remarquez bien qu'Éliante, à la fin de l'ouvrage, semble avoir fait un retour sur elle-même.

On se souvient qu'au quatrième acte elle a dit, en parlant d'Alceste :

> Je ne m'oppose point à toute sa tendresse ;
> Au contraire, mon cœur pour elle s'intéresse ;
> Et si c'était qu'à moi la chose pût tenir,
> Moi-même à ce qu'il aime on me verrait l'unir.
> Mais si dans un tel choix, comme tout se peut faire,
> Son amour éprouvait quelque destin contraire,
> S'il fallait que d'un autre on couronnât les feux,
> Je pourrais me résoudre à recevoir ses vœux,
> Et le refus souffert en pareille occurrence
> Ne m'y ferait trouver aucune répugnance.

Néanmoins, au dénoûment, lorsqu'Alceste, après avoir rompu sans retour avec Célimène, lui dit :

> Madame, cent attraits ornent votre beauté,

Et je n'ai vu qu'en vous de la sincérité ;
De vous depuis longtemps je fais un cas extrême :
Mais laissez-moi toujours vous estimer de même.
Et souffrez que mon cœur, en ses troubles divers,
Ne se présente point à l'honneur de vos fers :
Je m'en sens trop indigne, et commence à connaître
Que le ciel pour ce nœud ne m'avait pas fait naître,
Que ce serait pour vous un hommage trop bas
Que le rebut d'un cœur qui ne vous valait pas.

Éliante ne cherche point à le faire revenir sur ce dessein : elle ne lui dit pas d'attendre que le temps ait un peu calmé sa douleur avant de prendre un parti, ce qu'elle n'eût pas manqué de faire, ce me semble, si son cœur eût conservé pour lui les mêmes sentiments. Elle répond au contraire :

Vous pouvez suivre votre pensée :
Ma main de se donner n'est pas embarrassée ;
Et voilà votre ami, sans trop m'inquiéter,
Qui, si je l'en priais, la pourrait accepter.

Certes, d'une personne comme Éliante, on ne peut penser que ce soit le dépit qui lui dicte cette réponse ; il est plus naturel de supposer que, ayant ouvert les yeux sur le compte d'Alceste, elle a reconnu que le bonheur ne pouvait se trouver avec un homme d'un pareil caractère, et qu'elle était plus certaine de le rencontrer auprès du bienveillant Philinte.

Mais, pourra-t-on dire enfin, si Alceste n'est pas en effet véritablement vertueux, d'où vient la sympathie qu'on éprouve pour lui, et pourquoi l'auteur l'a-t-il rendu aussi intéressant?

Le Misanthrope intéresse parce que, d'abord, en dépit de ses excellentes intentions, dont on lui tient compte, on le voit réellement malheureux, et que ses désirs insensés, son obstination orgueilleuse, pour être fort répréhensibles, n'accusent que son manque de jugement et ne sont, après tout, que les erreurs d'un homme honnête. Il intéresse parce que l'amour, comme les autres sentiments qui l'animent, est porté chez lui à l'extrême, et que cette passion nous est toujours sympathique. Il intéresse enfin parce qu'il fallait, pour que la leçon de l'auteur fût efficace, que le caractère du Misanthrope exerçât au théâtre cette sorte de séduction qu'il exerce dans le monde, séduction contre laquelle il a grand soin de nous prémunir, et dont chaque scène de son immortel ouvrage fait nettement ressortir les dangers.

Mais quand même ce but, qu'il a si bien atteint, ne serait pas évident pour tous, il est du moins une remarque des plus simples, qui devrait se présenter d'abord à l'esprit : c'est que, malgré les brillantes couleurs dont il a dû la peindre, ce n'est pas assurément l'apologie, mais bien la critique, que Molière a entendu faire de la misanthropie. Et de cela seul on peut conclure que si le rôle d'Alceste était joué comme il l'a conçu, c'est moins un intérêt véritable qu'il devrait inspirer qu'un sentiment de compassion pour ce que l'on pourrait appeler son infirmité morale.

Disons enfin que dans ce chef-d'œuvre Molière, élevant sa pensée à la plus grande hauteur philosophique, a raisonné de l'humanité dans la seule hypothèse vraie, celle de sa corruption, non pour nous inspirer contre elle de la haine ou du dégoût, mais pour nous apprendre à supporter des maux inévitables. De quelque façon qu'on s'y prenne, en effet, et bien que les mœurs d'une nation puissent s'améliorer par des lois sages, et surtout par la forme de son gouvernement, jamais on ne pourra extirper du cœur humain l'orgueil, la vanité, l'envie, qui sont sans doute, aussi bien que nos vertus, des conditions d'existence de toute société, comme les vents, la grêle et le tonnerre sont, aussi bien que l'air pur et le soleil, des conditions d'existence de la nature.

Peut-être trouverez-vous, mon cher Eugène, que ces longs détails où je viens d'entrer n'ont pas avec le sujet qui nous occupe un rapport assez direct, et peut-être n'y verrez-vous dès lors qu'une dissertation minutieuse et peu utile ; cependant, comme c'est d'après l'idée fausse ou vraie que nous nous faisons d'un personnage que nous le jouons bien ou mal, rien de ce qui peut nous éclairer, même faiblement, sur son véritable caractère ne devrait être indifférent à nos yeux.

Il arrive aux acteurs bien épris de leur art, en étudiant un rôle, de s'en pénétrer si fortement, que leur imagination exaltée finit par donner à ce personnage de pure fiction une existence pour ainsi dire réelle : elle lui crée une physionomie, un maintien, un organe. C'est un être parlant et mouvant qui se dresse sans cesse devant eux. Ils l'entendent; ils le voient marcher et agir : il a, suivant les passions qui l'animent, le regard doux ou fier, le geste brusque ou mesuré, la parole onctueuse ou véhémente; mais, comme l'imagination est frappée en raison de l'idée qu'on s'est faite de ce personnage, il importe de ne rien négliger de ce qui peut nous la rendre le plus juste possible.

Dans ma prochaine lettre, j'essaierai d'indiquer comment devrait être compris et exécuté cet admirable rôle du Misanthrope, l'un, assurément, des plus difficiles du théâtre.

# DEUXIÈME LETTRE

## SUR LE MISANTHROPE.

D'après ce qui vient d'être dit, vous ne trouverez pas étrange que peu d'acteurs aient donné au Misanthrope sa véritable physionomie. Partageant l'erreur de beaucoup d'écrivains au sujet de la haute vertu de ce personnage, la plupart songeaient avant tout à le rendre intéressant; et, pour y parvenir, ils en adoucissaient le plus possible les traits caractéristiques, ils en atténuaient par une diction trop pompeuse toute la verve, toute l'âpreté souvent très comiques ; comme s'ils se fussent fait scrupule d'exciter le rire aux dépens d'un si honnête homme.

Ce qui dans Alceste nous frappe d'abord, c'est son extrême passion en toutes choses ; c'est sa nature véhémente, irritable, emportée. Voilà les premières impressions que tout acteur ressent à sa lecture, et qu'aucune considération ne devrait plus lui faire oublier. Une des principales difficultés du rôle est de concilier cette chaleur, cette énergie de débit et d'action, avec le ton et l'extérieur d'un homme de cour qui, bien qu'il s'affranchisse et fasse une critique amère de l'étiquette et des devoirs qu'elle impose, n'en doit pas moins conserver la tenue et les manières nobles de cette haute société dans laquelle il a l'habitude de vivre.

Mais l'art du comédien est hérissé d'écueils; il ne suffit pas de bien comprendre et de bien sentir, il faut pouvoir exécuter; c'est toujours là le grand point. Or, il y a telles difficultés dont toute l'intelligence possible ne saurait entièrement triompher. On doit alors composer avec elles, et, comme dans la stratégie militaire, essayer de tourner celles qu'on ne peut attaquer de front, pourvu toutefois que d'autres parties plus importantes du rôle n'en souffrent en rien, auquel cas il vaudrait mieux y renoncer tout à fait.

Si donc l'acteur chargé du Misanthrope ne pouvait, sans lui faire perdre quelque chose de son excessive passion, obtenir la noblesse extérieure qu'il exige, c'est assurément cette dernière qualité qu'il faudrait sacrifier, le plus essentiel étant d'être *au moral* le personnage qu'on représente.

Fleury offrait dans ce rôle un exemple frappant de ce que j'avance. Malgré la supériorité de son talent, malgré sa rare intelligence, jamais il ne fut, si l'on peut s'exprimer ainsi, jamais il ne fut *extérieurement* le Misanthrope. Ce n'est pas qu'il manquât de noblesse, tant s'en faut; sa personne, au contraire, était pleine de distinction, mais cette distinction n'avait rien de l'air grave et austère qui convient au personnage d'Alceste. C'était la noblesse des roués de cour, de ce que l'on appelait autrefois les petits maîtres, genre de rôles où il excellait et auxquels ses manières dégagées, son laisser-aller, l'expression naturellement railleuse de sa physionomie, convenaient à merveille. Aussi était-il complétement Moncade, le marquis de la Tribaudière, le marquis du *Retour imprévu*, etc., etc. Par malheur on n'en pouvait dire autant du Misanthrope, et cependant jamais dans aucun rôle peut-être il ne fit preuve de plus d'intelligence et ne se montra plus véritablement ingénieux. J'en citerai, entre autres, un exemple : pour dissimuler l'exiguïté de sa taille et se donner autant que possible l'air imposant du personnage, je remarquai que dans ce rôle du Misanthrope, Fleury prenait grand soin de se tenir à distance de ses interlocuteurs. La manière dont il s'éloignait d'eux n'avait rien de ridicule et paraissait au contraire fort naturelle. Cette distance l'obligeait à ne parler qu'en levant la tête, et ses gestes pouvaient prendre dès lors, on le conçoit, tout le développement possible. L'avantage de ce petit artifice était de donner à sa parole plus d'ascendant, et une attitude plus digne, plus fière à sa personne, ce qui semblait aussi en grandir les proportions. Néanmoins, malgré de si louables efforts, comme ses allures de marquis perçaient toujours et prenaient le dessus, il n'essaya pas de les combattre davantage, jugeant sans doute que le rôle, dans son exécution générale, perdrait plus qu'il ne gagnerait à cette lutte. Il s'attacha surtout à en rendre l'énergique passion, et de tous les acteurs que j'ai pu voir, c'est, sans contredit, celui qui le composait le mieux, bien que sous le rapport de la passion il laissât encore beaucoup à désirer.

Que cela ne vous effraie ni ne vous décourage, mon cher élève : Fleury était un éminent comédien, assurément le premier de son époque, et sans faire tort aux artistes de la nôtre, je crois qu'il n'en existe point aujourd'hui, et que de longtemps même on n'en verra, qui lui soit comparable. Mais, par bonheur, on n'est pas grand comédien à la condition d'exceller dans tous les rôles ; s'il en était ainsi, aucun ne mériterait ce titre.

Dans la longue série de personnages différents que les acteurs (et je parle de ceux du plus rare mérite) sont appelés à jouer, il ne s'en trouve jamais qu'un très petit nombre où les qualités distinctives de leur talent soient bien appropriées, où leur nature enfin s'identifie parfaitement avec celle de ces personnages. Dans les autres, ils ne sont que plus ou moins satisfaisants. Mais, où le comédien supérieur se reconnaît aisément, c'est à son art, quelque insuffisants que soient d'ailleurs ses moyens d'exécution, quelque opposée que soit sa propre nature avec celle de son rôle; c'est, dis-je, à son art, qui le met à même d'en indiquer toujours avec intelligence, s'il ne peut complétement les bien rendre, non-seulement la physionomie et le véritable caractère, mais encore toutes les nuances dont il se compose. C'est ce que faisait Fleury dans le Misanthrope; il indiquait très intelligemment ce rôle difficile, plutôt qu'il ne le jouait bien.

J'ai dit que, sous le rapport de la passion, il laissait beaucoup à désirer, et je me trouve ici d'accord avec un critique célèbre, Geoffroy, dont les opinions en cette matière auraient toujours dû faire autorité si le caprice, ou, dit-on, un motif moins excusable encore, ne les eût trop souvent dictées.

Dans un de ses nombreux feuilletons sur le *Misanthrope*, Geoffroy dit en parlant de Fleury :

« Cet acteur joue Alceste avec chaleur; peut-
« être en montre-t-il un peu trop, par la raison
« même qu'il n'en a pas beaucoup naturellement.
« Il résulte de cet excès que son organe ne se
« prête pas aisément à l'impétuosité, à l'ardeur
« qu'il met dans certaines tirades. Son intérêt
« serait peut-être de faire dominer dans son jeu
« la profondeur et la fermeté. »

Ces observations et ces conseils sont très judicieux, et prouvent que l'art du comédien n'était pas étranger à Geoffroy. Cependant un inconvénient plus grave me semblait résulter de cet excès de chaleur que Fleury, en raison de la faiblesse de ses moyens, réservait seulement pour quelques parties de son rôle; et je ferai la remarque à ce sujet que la meilleure manière peut-être d'arriver à la vraie connaissance d'un personnage serait le soin attentif de relever les fautes où peut tomber un habile comédien, l'erreur que l'on découvre ayant presque toujours un double avantage, celui d'abord de nous préserver de cette même erreur, puis ensuite de nous mettre sur la voie de ce qu'il faut faire.

Fleury comprenait parfaitement toute la passion qu'exige le rôle d'Alceste; mais ne subordonnant point assez sa chaleur à la faiblesse de ses moyens, ou plutôt n'en faisant point une juste répartition; réservant toute son énergie pour certaines scènes, pour certaines tirades, il manquait son but : je veux dire que son jeu ne donnait pas assez l'idée d'une organisation naturellement irascible et véhémente comme celle du Misanthrope; il faisait plutôt l'effet d'un homme qu'on a mis accidentellement en colère. Il eût mieux valu, ce me semble, pour être plus le personnage, au lieu de concentrer ainsi sa verve passionnée, la répartir à un moindre degré sur tout le rôle, en jeter une teinte locale, comme le dirait un peintre, sur l'ensemble de la figure.

S'il se trouvait, en effet, un acteur assez heureusement doué pour répondre, sous le rapport de l'ampleur des moyens, de la puissance de l'organe, de l'énergie de la passion, à toutes les exigences du rôle d'Alceste, c'est à coup sûr de l'accent le plus chaleureux, de la verve la plus impétueuse, qu'il devrait constamment animer son débit, par la raison, je l'ai déjà dit, que l'entêtement d'Alceste pour ses principes et son impuissance à les bien défendre, ou du moins à triompher par de bons arguments de ses antagonistes, le font toujours, dans la discussion, à défaut d'une saine logique, recourir à la colère et à la violence, et que souvent même l'opiniâtreté chez lui est poussée jusqu'à l'extravagance : témoin la scène septième du deuxième acte, quand il s'écrie, au sujet des maréchaux qui l'ont fait demander et des vers d'Oronte :

> Quel accommodement veut-on faire entre nous?
> La voix de ces messieurs me condamnera-t-elle
> A trouver bons les vers qui font notre querelle?
> Je ne me dédis pas de ce que j'en ai dit,
> Je les trouve méchants.

PHILINTE.

Mais, d'un plus doux esprit...

ALCESTE.

Je n'en démordrai point, les vers sont exécrables.

PHILINTE.

Vous devez faire voir des sentiments traitables.
Allons, venez.

ALCESTE.

J'irai ; mais rien n'aura pouvoir
De me faire dédire.

PHILINTE.

Allons nous faire voir.

ALCESTE.

Hors qu'un commandement exprès du roi ne vienne
De trouver bons les vers dont on se met en peine,
Je soutiendrai toujours, morbleu ! qu'ils sont mauvais,
Et qu'un homme est pendable après les avoir faits.

Puis, croyant sans doute, en parlant ainsi, n'avoir défendu son opinion et son droit qu'en termes raisonnables, il se retourne étonné vers Acaste et Clitandre qui rient aux éclats, et leur dit d'un air et d'un ton menaçants :

Par la sambleu ! messieurs, je ne croyais pas être
Si plaisant que je suis.

Alceste, dans son amour, vous semble-t-il moins extravagant? Non, c'est toujours cette même fougue, cette même exubérance de chaleur qui tient presque de la folie. Il faut donc, de toute nécessité, mettre le débit du rôle en harmonie avec l'exagération des sentiments.

J'ai vu cependant bien des acteurs se méprendre sur la fameuse scène du quatrième acte, celle où le Misanthrope, armé de la fatale lettre, vient s'en expliquer avec Célimène. Quelle scène touchante! dit-on. Oui, sans doute, et d'autant plus qu'elle nous fait penser au pauvre Molière dont la situation avait quelque chose d'analogue avec celle d'Alceste, et qui souvent dut faire à l'altière Béjart une partie des reproches que celui-ci adresse à sa perfide coquette.

Serait-ce par hasard de ce rapport de situation qu'on s'autorise pour ne prêter, dans cette scène, à la passion d'Alceste, que des élans ordinaires et communs à tous les hommes amoureux ou jaloux? Mais Molière n'était pas misanthrope, et sa position vis-à-vis de sa femme lui interdisait la conduite que, comme amant, il eût sans doute tenue, conduite fort bien exprimée dans ces deux vers de la *Coquette corrigée :*

> Le bruit est pour le fat, la plainte pour le sot ;
> L'honnête homme trompé s'éloigne et ne dit mot.

Molière devait, avec raison, redouter l'éclat d'une rupture : il sacrifia son bonheur et sa tranquillité à ce qui lui semblait son devoir. Ses reproches purent éclater d'abord, mais il finit par souffrir sans se plaindre ; jamais d'ailleurs il ne se fût rendu coupable d'une violence pareille à celle d'Alceste. Jamais il n'eût dit à une femme :

> ... D'un aveu trompeur voir ma flamme applaudie,
> C'est une trahison, c'est une perfidie
> Qui ne saurait trouver de trop grands châtiments,
> Et je puis tout permettre à mes ressentiments.
> Oui, oui, redoutez tout après un tel outrage :
> Je ne suis plus à moi, je suis tout à la rage.
> Percé du trait mortel dont vous m'assassinez,
> Mes sens par la raison ne sont plus gouvernés ;
> Je cède aux mouvements d'une juste colère,
> Et je ne réponds pas de ce que je puis faire.

La Béjart non plus, quoique légère et coquette, n'était pas, il s'en fallait bien, une Célimène; le Misanthrope seul pouvait être dupe si longtemps de cette perfide créature. En effet, un homme d'un tel caractère, aussi passionné, aussi fanatique, aussi extrême en tout, ne me semble pas plus apte à bien juger de l'honnêteté d'une femme que cet autre fanatique d'Orgon ne me semble l'être à bien juger de la religion d'un dévot.

Il ne faut donc pas, encore une fois, s'exagérer l'intérêt que le Misanthrope inspire dans cette scène. On souffre sans doute de voir un amour comme le sien, aussi vrai, aussi passionné, payé de tant de perfidie; mais n'est-on pas aussi un peu en colère de le lui voir si mal placer? Cet amour, d'ailleurs, pour être bien intéressant, n'est-il pas un peu matériel? Alceste n'a pas, certes, pour sa maîtresse l'aveuglement commun à presque tous les amants et dont Éliante fait une si piquante peinture :

> L'amour, pour l'ordinaire, est peu fait à ces lois,
> Et l'on voit les amants vanter toujours leur choix.

> Jamais leur passion n'y voit rien de blâmable,
> Et dans l'objet aimé tout leur devient aimable ;
> Ils comptent les défauts pour des perfections,
> Et savent y donner de favorables noms, etc.

Alceste, lui, ne se fait aucune illusion sur ceux de sa maîtresse. Non, dit-il,

> .... L'amour que je sens pour cette jeune veuve
> Ne ferme point mes yeux aux défauts qu'on lui treuve ;
> Et je suis, quelque ardeur qu'elle m'ait pu donner,
> Le premier à les voir comme à les condamner.
> Mais avec tout cela, quoi que je puisse faire,
> Je confesse mon faible : elle a l'art de me plaire ;
> J'ai beau voir ses défauts, et j'ai beau l'en blâmer,
> En dépit qu'on en ait elle se fait aimer.
> Sa grâce est la plus forte.

Il ajoute, il est vrai :

> Et sans doute ma flamme
> De ces vices du temps pourra purger son âme.

Il est vrai qu'il dit encore, au cinquième acte, quand Célimène refuse de le suivre dans son

## SUR LE MISANTHROPE.

désert, mais consent néanmoins à devenir sa femme :

> ......... Non, mon cœur à présent vous déteste,
> Et ce refus lui seul fait plus que tout le reste.
> Puisque vous n'êtes point en des liens si doux,
> Pour trouver tout en moi comme moi tout en vous,
> Allez, je vous refuse; et ce sensible outrage
> De vos indignes fers pour jamais me dégage.

Mais enfin, ce qu'il y a de certain, et ce dont on ne saurait disconvenir, c'est qu'Alceste n'est subjugué ni par les qualités du cœur, ni même par l'esprit de Célimène, bien qu'elle en ait beaucoup, puisque cet esprit médisant lui est au contraire antipathique; ce sont surtout les charmes extérieurs de sa personne qui l'ont enflammé d'une passion aveugle. Eh bien! je puis me tromper, mais il me semble qu'une passion de cette nature doit entraîner à des concessions peu délicates, auxquelles un amour, né d'une source plus pure, ne descendrait jamais.

Croyez-vous, par exemple, que celui qui aimerait, moins pour la beauté de la figure que pour les autres beautés de l'âme, ne serait pas plus scrupuleux et plus susceptible dans sa jalousie s'il avait à soupçonner sa maîtresse de quelque infidélité, et qu'il se contenterait de lui dire, après les vaines défaites dont elle l'aurait payé :

> Ah ! que vous savez bien ici contre moi-même,
> Perfide, vous servir de ma faiblesse extrême,
> Et ménager pour vous l'excès prodigieux
> De ce fatal amour, né de vos traîtres yeux !
> Défendez-vous au moins d'un crime qui m'accable,
> Et cessez d'affecter d'être envers moi coupable ;
> Rendez-moi, s'il se peut, ce billet innocent ;
> A vous prêter les mains ma tendresse consent :
> *Efforcez-vous ici de paraître fidèle,*
> *Et je m'efforcerai, moi, de vous croire telle.*

Ce qui veut dire : Vous ne pourrez jamais me convaincre au fond de votre innocence, mais enfin je m'étourdirai là-dessus, et chercherai à me faire illusion. Pour moi, je ne crois pas, je l'avoue, que cette sorte de transaction soit possible de la part d'un cœur noblement épris.

Je trouve, dans l'Arnolphe de *l'École des Femmes*, un autre exemple de cette coupable faiblesse. Ici le personnage n'appartient qu'à la bonne bourgeoisie; ses sentiments doivent être moins délicats, ses passions moins contenues, son langage plus grossier; mais c'est toujours un homme entraîné par un violent amour, où les sens ont la plus grande part, et qui, pour le satisfaire, doit nécessairement se montrer de meilleure composition encore que le Misanthrope.

Après avoir, comme Alceste, prodigué à sa maîtresse les épithètes les plus dures sur sa trahison, Arnolphe lui dit :

Hé bien! faisons la paix. Va, petite traîtresse,
Je te pardonne tout et te rends ma tendresse.
Considère par-là l'amour que j'ai pour toi,
Et, me voyant si bon, en revanche, aime-moi.

AGNÈS.

Du meilleur de mon cœur je voudrais vous complaire :
Que m'en coûterait-il si je pouvais le faire ?

ARNOLPHE.

Mon pauvre petit bec, tu le peux si tu veux.

> Écoute seulement ce soupir amoureux,
> Vois ce regard mourant, contemple ma personne,
> Et quitte ce morveux et l'amour qu'il te donne.
> C'est quelque sort qu'il faut qu'il ait jeté sur toi,
> Et tu seras cent fois plus heureuse avec moi.
> Ta forte passion est d'être brave et leste :
> Tu le seras toujours, va, je te le proteste;
> Sans cesse nuit et jour je te caresserai,
> Je te bouchonnerai, baiserai, mangerai;
> *Tout comme tu voudras tu pourras te conduire :*
> *Je ne m'explique pas, et cela, c'est tout dire.*

Puis, comme honteux d'une si lâche condescendance, il dit à part :

> Jusqu'où la passion peut-elle faire aller !

Si une semblable exclamation ne sort pas de la bouche du Misanthrope après avoir dit à Célimène :

> Efforcez-vous ici de paraître fidèle,
> Et je m'efforcerai, moi, de vous croire telle,

on peut supposer qu'il la fait mentalement; et l'humiliant aveu de notre propre faiblesse, en attestant la violence de nos sentiments, indique assez le degré d'énergie qui doit les exprimer.

Au lieu donc, sous prétexte de rendre Alceste plus intéressant, d'affaiblir, par une diction déclamatoire ou sentimentale, la première partie, si passionnée, de cette admirable scène, que votre âme, au contraire, avec ses élans les plus impétueux, que votre voix, avec ses accents les plus mâles et les plus terribles, y fassent à la fois explosion; la nature du personnage et la situation où l'auteur l'a placé l'exigent également; c'est même le seul moyen d'arriver au grand effet comique de cette scène, effet que Fleury savait si bien produire lorsque, par une transition habilement préparée, il disait d'un ton radouci et presque en tremblant :

> Non, non, sans s'emporter, prenez un peu souci
> De me justifier le billet que voici.

J'ai dit qu'une sorte d'orgueil me paraissait être la base du caractère d'Alceste et la source de ses travers : le portrait qu'en fait Célimène autoriserait cette opinion. Elle lui trouve, en effet, l'esprit négatif de ces orgueilleux qui, pour toujours avoir raison et plutôt que de se ranger à l'avis d'autrui, changent tout à coup de sentiments et combattent à outrance ceux qu'ils avaient précédemment défendus avec vigueur. Mais, dira-t-on, Célimène est de sa nature mordante et satirique, et la malice, dans ses jugements, a peut-être plus de part que la raison et la justice. Non; elle excelle sans doute à saisir le côté ridicule des gens, mais avec cela l'on doit reconnaître que son esprit est plein de pénétration et de justesse, et lorsque la brillante coquette dessine avec des traits si caractéristiques tant d'originaux divers, depuis l'orgueilleux Adraste, « tout gonflé de l'amour de lui-même, » jusqu'au grand flandrin de vicomte, qui « passe trois « quarts d'heure durant à cracher dans un puits « pour faire des ronds, » ses portraits ont un tel air de vérité, que la ressemblance n'en paraît pas douteuse ; et l'on voudrait pouvoir lui dire avec Clitandre, mais en toute sincérité et non par galanterie :

Pour bien peindre les gens vous êtes admirable.

Or, voici le portrait qu'elle fait du Misanthrope. « Pourquoi, dit Philinte à son ami, pourquoi « montrez-vous pour les gens qu'on vient d'at- « taquer,

> Un intérêt si grand ?
> Vous qui condamneriez ce qu'en eux on reprend.
> CÉLIMÈNE.
> Et ne faut-il pas bien que monsieur contredise ?
> A la commune voix veut-on qu'il se réduise,
> Et qu'il ne fasse pas éclater en tous lieux
> L'esprit contrariant qu'il a reçu des cieux ?
> Le sentiment d'autrui n'est jamais pour lui plaire :
> Il prend toujours en main l'opinion contraire,
> Et penserait paraître un homme du commun
> Si l'on voyait qu'il fût de l'avis de quelqu'un.
> L'honneur de contredire a pour lui tant de charmes,
> Qu'il prend contre lui-même assez souvent les armes ;
> Et ses vrais sentiments sont combattus par lui
> Aussitôt qu'il les voit dans la bouche d'autrui.

Le sage Philinte, par une remarque analogue, confirme la véracité de ce jugement. Mais, dit-il à Alceste,

> ... Il est véritable aussi que votre esprit
> Se gendarme d'abord contre tout ce qu'on dit,
> Et que, par un chagrin que lui-même il avoue,
> Il ne saurait souffrir qu'on blâme ni qu'on loue.

Je n'ai cité ces passages que comme arguments propres à corroborer ce que j'ai dit sur la nécessité d'animer l'ensemble du rôle d'une chaleur et d'une verve soutenues.

Il faut donc que tout dans votre jeu, non-seulement la fermeté et la vigueur de la diction, mais encore le feu du regard, la fierté de l'attitude, les prompts mouvements de tête, la brusquerie des gestes, il faut que tout, dis-je, donne l'idée de cette nature implacable et généreuse à la fois, de ce caractère plein de violence et de faiblesse, de cet honnête homme enfin chez qui, par malheur, la raison est moins forte que l'orgueil, et dont les emportements continuels n'ayant pas toujours, même à ses yeux, de causes légitimes, semblent être surtout un impérieux besoin de son tempérament.

Voilà, mon cher élève, la physionomie de notre grande figure à peu près esquissée, et je crois devoir m'en tenir à cette simple appréciation. Il ne me serait guère possible, en effet, et ce serait d'ailleurs inutile, de vous expliquer par écrit ce qu'il me reste à vous en dire.

Comment, par exemple, dans un rôle tout de force et de passion, vous indiquer les moyens d'éviter un de ses principaux écueils : la monotonie ? J'aurais beau vous dire que la force ne consiste pas toujours dans une grande émission de voix ; qu'on la trouve plus souvent, au contraire, dans la manière d'accentuer le débit, dans la fermeté de la prononciation, et que certaines tirades, pour être dites ainsi dans les cordes basses ou dans le médium de la voix, n'en sont ni moins chaleureuses ni moins passionnées ; j'aurais beau ajouter encore que la composition d'un rôle ayant quelque analogie avec celle d'un

tableau, chaque chose y doit être mise à son
plan : celle-ci dans l'ombre, celle-là dans la
demi-teinte, cette autre en pleine lumière, c'est-
à-dire qu'il faut passer rapidement sur certains
vers, donner plus d'importance à certains autres,
faire ressortir ceux-là, etc. : toute cette théorie
vous servirait de peu, car c'est son application
qui surtout est difficile, et d'autant plus, que
toujours elle doit être modifiée en raison des
moyens d'exécution de l'élève.

Enfin, mon cher Eugène, si mon travail, tout
imparfait qu'il soit, pouvait vous être de quelque
utilité, si vous y trouviez quelque aperçu nouveau, ou quand bien même il ne devrait servir
qu'à rectifier chez vous certaines erreurs de jugement, qu'à vous prémunir contre certains
préjugés trop bien établis sur le rôle du Misanthrope, je n'aurais pas encore à regretter de
l'avoir entrepris.

# LETTRE

## SUR LE ROLE DE TARTUFE.

De tous les caractères qu'on a montrés au théâtre, le plus difficile à bien saisir est peut-être celui de Tartufe. Il offre un écueil dans lequel sont tombés jusqu'ici la plupart des comédiens qui l'ont représenté. Ils ont donné à leur physionomie, à leur maintien une expression d'hypocrisie tellement prononcée, que ce personnage, joué de la sorte, ne peut plus être dangereux pour personne. A moins d'être stupide, il n'est pas permis de devenir sa dupe. Orgon, il est vrai, dit, en racontant comme il fit connaissance de Tartufe :

Chaque jour à l'église il venait, d'un air doux,
Tout vis-à-vis de moi se mettre à deux genoux ;
Il attirait les yeux de l'assemblée entière
Par l'ardeur dont au ciel il poussait sa prière ;

> Il faisait des soupirs, de grands élancements,
> Et baisait humblement la terre à tous moments ;
> Et lorsque je sortais, il me devançait vite
> Pour m'aller à la porte offrir de l'eau bénite.

Mais toutes ces momeries étaient faites de manière à le pouvoir tromper ; car Orgon est un de ces fanatiques de religion qu'il n'était pas rare de trouver du temps de Molière ; mais, à coup sûr, ce n'est point un imbécile. La preuve que Tartufe est loin de le juger tel, c'est que, dans la scène où Damis le surprend déclarant son amour à Elmire et se hâte d'en instruire son père, Tartufe ne cherche point à se justifier. Pourquoi donc ne le fait-il pas? Pourquoi donc, au lieu de repousser l'accusation de Damis, la confirme-t-il en s'avouant coupable? C'est qu'il juge ce raffinement de scélératesse nécessaire pour tromper Orgon.

L'acteur chargé du rôle de Tartufe devrait considérer l'époque à laquelle Molière a composé son ouvrage; les susceptibilités religieuses qu'il avait à ménager, les concessions énormes qu'il dut leur faire. Il apprendrait de Molière lui-même qu'il a changé jusqu'à trois fois la disposition de son chef-d'œuvre, et sacrifié deux actes entiers à préparer l'entrée de son scélérat, afin que personne ne se méprît sur l'homme qu'il mettait en scène.

On peut donc supposer que si Molière eût été maître de traiter son sujet entièrement à sa guise, il eût laissé d'abord quelque incertitude sur son personnage : on aurait vu Tartufe agir dès les premiers actes, et dévoiler peu à peu son odieux caractère. Que l'on juge combien la scène où, jetant le masque, il se déclare maître de la maison et menace son bienfaiteur de sa vengeance, eût été plus dramatique et d'un effet plus terrible si, dès son apparition, le public avait pu être un instant sa dupe, et se trouver pris au théâtre comme Orgon l'a été à l'église. Dans ce cas, et pour arriver à ce but, il ne faudrait assurément donner à Tartufe qu'un maintien honnête et décent, et non l'attitude et la physionomie d'un cafard.

N'est-il donc pas permis de croire, d'après les aveux de Molière, qu'il s'est vu comme contraint de forcer un peu la figure de Tartufe ? Si cela est, l'acteur, pour mieux entrer dans sa pensée, ne doit-il pas en adoucir les traits plutôt que de les outrer ? Il me semble commettre une faute d'autant plus grande en chargeant son rôle, que non-seulement il n'est plus dans la nature du personnage qu'il représente, mais qu'il ôte encore tout l'intérêt que doit inspirer celui d'Orgon. On prend part aux malheurs d'un honnête homme indignement trompé ; on partage d'autant plus ses peines qu'on aurait pu être dupe comme lui ; mais s'il n'inspire la pitié, l'on se moque d'un benêt qui s'est laissé prendre à des momeries grossières de dévotion.

Dans une de mes précédentes lettres, je vous ai fait apprécier de quelle importance il est, pour un jeune comédien, de cultiver avec soin son organe, de lui faire acquérir, par un travail persévérant, les qualités dont il peut être dépourvu, et j'ai, en outre, indiqué les moyens qui me semblaient les plus propres pour arriver à ce but. C'est dans un rôle comme celui de Tartufe que l'avantage d'une voix travaillée et rendue, à force d'art, souple et flatteuse, se fait surtout sentir. Il faudrait, dans ce personnage, pouvoir donner à son organe cette flexibilité, ce moelleux, cette onction particuliers aux gens d'église; et je crois qu'on y parviendrait en partie, en s'attachant à ne point sortir du médium, en ne parlant que dans un diapason peu élevé et sans grand volume de voix.

La physionomie et le maintien de Tartufe doivent naturellement s'accorder avec son débit doux et réservé. Évitez donc les airs sournois et l'attitude cafarde qu'on lui donne généralement : ils ne conviennent qu'à Laurent, son valet, lequel n'ayant ni la finesse, ni l'esprit de son maître, n'observe aucune bienséance, ne garde aucune mesure, et ne peut, quand il cherche à l'imiter, que le faire grossièrement. Aussi Dorine dit-elle de lui :

Il n'est pas jusqu'au fat qui lui sert de garçon

> Qui ne se mêle aussi de nous faire leçon :
> Il vient nous sermoner avec des yeux farouches,
> Et jeter nos rubans, notre rouge et nos mouches.
> Le traître, l'autre jour, nous rompit de ses mains
> Un mouchoir qu'il trouva dans une Fleur des Saints,
> Disant que nous mêlions, par un crime effroyable,
> Avec la sainteté les parures du diable.

Tartufe agit et parle différemment ; il montre, il est vrai, sur toutes choses un esprit fort rigide ; et, comme le dit encore Dorine :

> S'il le faut écouter et croire à ses maximes,
> On ne peut faire rien qu'on ne fasse des crimes ;
> Car il critique tout, ce critique zélé.

Mais on doit supposer que dans ses remontrances, son discernement habituel ne l'abandonne pas, et qu'il les fait toujours en termes doux et convenables, et pour le salut seul, comme il a grand soin de le répéter, de ceux-là mêmes qu'il réprimande ; aussi madame Pernelle ne manque-t-elle pas de répondre à Dorine :

> Et tout ce qu'il contrôle est fort bien contrôlé.

C'est au chemin du ciel qu'il prétend vous conduire,
Et mon fils à l'aimer vous devrait tous induire.

Quant aux visites que reçoit Elmire et dont Tartufe se montre si courroucé, s'il les condamne avec trop d'emportement, s'il fait à leur sujet une sorte d'éclat, c'est qu'alors la passion qu'il ressent pour cette Elmire le trouble, l'aveugle, le bouleverse au point de lui faire perdre tout sang-froid et toute raison; et Dorine, dont l'esprit est si sagace, a bien deviné le motif de sa conduite. Pourquoi, dit-elle;

Surtout depuis un certain temps,
Ne saurait-il souffrir qu'aucun hante céans?
En quoi blesse le ciel une visite honnête
Pour en faire un vacarme à nous rompre la tête?
Veut-on que là-dessus je m'explique entre nous?...
Je crois que de madame il est, ma foi, jaloux.

Ainsi c'est, comme on le voit, l'amour qui par moments peut faire oublier à Tartufe sa politique et sa prudence habituelles; mais, à part cette circonstance, il ne s'en écarte point. On a donc tort, à mon sens, dès son entrée en scène, de lui faire dire avec un ton rébarbatif ces vers qu'il adresse à Dorine :

> . . . . . . . . Ah! mon Dieu! je vous prie,
> Avant que de parler, prenez-moi ce mouchoir.
> . . . Couvrez ce sein que je ne saurais voir :
> Par de pareils objets les âmes sont blessées,
> Et cela fait venir de coupables pensées.

Cette leçon de décence n'est sans doute que pure hypocrisie, mais l'hypocrisie serait bien plus adroite et bien plus forte si, au lieu de froncer le sourcil et de détourner la tête avec une sorte d'horreur, Tartufe conservait l'attitude et l'accent d'un homme austère qui donne avec douceur un conseil bienveillant. Il ne doit prendre un ton sévère que pour dire :

> Mettez dans vos discours un peu de modestie,
> Ou je vais sur-le-champ vous quitter la partie.

Ce rôle difficile, dans lequel tant de comédiens de mérite se sont essayés sans succès, n'a jamais appartenu de droit à aucun emploi. Des premiers rôles, des raisonneurs l'ont représenté tour à tour; et les premiers comiques, c'est-à-dire les acteurs jouant ce que l'on appelait autrefois la casaque ou les valets à grande livrée, en furent longtemps en possession. Auger qui, s'il en faut croire Grimod de Lareynière, le rendait mieux qu'aucun de ses prédécesseurs, s'y permettait néanmoins des jeux de physionomie fort déplacés. On rapporte que tout en disant à Dorine :

. . . Couvrez ce sein que je ne saurais voir,

il y jetait les yeux à la dérobée avec une expression de concupiscence. Cela pouvait faire rire, mais c'était à coup sûr aux dépens du goût, et, ce qui est pire encore, aux dépens de la vérité. En effet, quel contre-sens grossier! Si Tartufe, pour me servir des termes de Dorine, était aussi *tendre à la tentation, si la chair sur ses sens* devait faire une *si grande impression,* enfin si les appas de la première venue excitaient à ce point sa convoitise, il est à présumer que l'amour qu'il ressent pour Elmire n'aurait pas, comme il l'a réellement, tout le caractère d'une ardente passion; et dès lors il est à présumer aussi que, plus froid, plus maître de lui, il saurait éviter le piége où celle qu'il aime finit par le faire tomber.

Cette passion extrême de Tartufe, si difficile à bien rendre, et dont nous nous occuperons tout à l'heure, a rencontré des aristarques fort sévères, fort orgueilleux, s'imaginant avoir trouvé en défaut l'auteur de tant de chefs-d'œuvre. Molière, à leur avis, ne devait pas, sous peine de faire mentir son personnage, prêter à Tartufe une pareille faiblesse.

L'amour, à les en croire, n'a que peu de prise sur les gens de ce caractère. La soif des richesses, la convoitise des biens d'autrui, voilà leur passion véritable : elle domine chez eux tous les autres sentiments, et, si vifs qu'ils soient, elle saurait bien au besoin les leur faire maîtriser.

La Bruyère a, par malheur, donné quelque poids à cette censure en traçant à son tour un portrait du faux dévôt, où, trop légèrement peut-être, il fait la critique de celui de Molière :

« Onuphre, dit-il, n'a pour tout lit qu'une
« housse de serge grise, mais il couche sur le
« coton et sur le duvet; de même il est habillé
« simplement, mais commodément, je veux dire
« d'une étoffe fort légère en été, et d'une autre
« fort moelleuse pendant l'hiver; il porte des
« chemises très déliées, qu'il a un très grand soin
« de bien cacher.

« Il ne dit point : *Ma haire et ma discipline;* au
« contraire; il passerait pour ce qu'il est, pour
« un hypocrite, et il veut passer pour ce qu'il
« n'est pas, pour un homme dévot; il est vrai
« qu'il fait en sorte que l'on croie, sans qu'il le
« dise, qu'il porte une haire et qu'il se donne la
« discipline...

« S'il se trouve bien d'un homme opulent à
« qui il a su imposer, dont il est le parasite, et
« dont il peut tirer de grands secours, il ne cajole
« point sa femme, il ne lui fait du moins ni
« avance ni déclaration; il s'enfuira, il lui lais-
« sera son manteau, s'il est aussi sûr d'elle que

« de lui-même; il est encore plus éloigné d'em-
« ployer, pour la flatter et pour la séduire, le
« jargon de la dévotion ; ce n'est point par habi-
« tude qu'il le parle, mais avec dessein, et selon
« qu'il lui est utile, et jamais quand il ne servi-
« rait qu'à le rendre très ridicule.

« Il sait où se trouvent des femmes plus socia-
« bles et plus dociles que celle de son ami; il ne
« les abandonne pas pour longtemps, quand ce
« ne serait que pour faire dire de soi dans le
« public qu'il fait des retraites. Qui, en effet,
« pourrait en douter, quand on le revoit paraître
« avec un visage exténué et d'un homme qui ne
« se ménage point?...

« Il n'oublie pas de tirer avantage de l'aveu-
« glement de son ami et de la prévention où il
« l'a jeté en sa faveur; mais il ne pense point à
« profiter de toute sa succession, ni à s'attirer
« une donation générale de tous ses biens, s'il
« s'agit surtout de les enlever à un fils, le légi-
« time héritier.

« Un homme dévot n'est ni avare, ni violent,

« ni injuste, ni même intéressé. Onuphre n'est
« pas dévot, mais il veut être cru tel, et, par
« une parfaite quoique fausse imitation de la
« piété, ménager sourdement ses intérêts ; aussi
« ne se joue-t-il pas à la ligne directe, et il ne
« s'insinue jamais dans une famille où se trou-
« vent tout à la fois une fille à pourvoir et un fils
« à établir : il y a là des droits trop forts et trop
« inviolables ; on ne les traverse point sans faire
« de l'éclat, et il l'appréhende ; sans qu'une pa-
« reille entreprise vienne aux oreilles du prince,
« à qui il dérobe sa marche, par la crainte qu'il
« a d'être découvert et de paraître ce qu'il est.
« Il en veut à la ligne collatérale : on l'attaque
« plus impunément. Il est la terreur des cousins
« et des cousines, du neveu et de la nièce, le
« flatteur et l'ami déclaré de tous les oncles qui
« ont fait fortune, etc. »

Cette peinture du faux dévot, dont je ne donne
ici que quelques traits, est, si l'on veut, d'une
ressemblance plus exacte, à certain point de vue,
que ne peut l'être *le Tartufe,* mais en faut-il con-

clure que La Bruyère connaissait mieux le cœur humain, était un plus profond observateur que Molière? Non, sans doute. Il y avait entre ces deux grands hommes la différence d'un écrivain qui n'est que philosophe et moraliste, et d'un autre écrivain également moraliste et philosophe, et de plus auteur dramatique, c'est-à-dire d'un poëte qui n'a pas à parler seulement à l'esprit et à la raison d'un lecteur isolé, mais dont l'œuvre s'adresse à tout un auditoire qu'elle doit intéresser, instruire, émouvoir et divertir à la fois.

Un scélérat tel que le peint La Bruyère, toujours impassible, prudent et circonspect, n'ayant qu'une idée, qu'un but qu'il poursuit avec persévérance; sachant couvrir ses vices d'un voile impénétrable, et toujours trop sur ses gardes pour donner jamais dans aucun piége, par conséquent bien assuré tôt ou tard d'en venir à ses fins; un tel personnage n'aurait assurément rien de dramatique et révolterait les spectateurs.

On ne sait trop d'ailleurs, d'après l'habileté

de sa conduite et son grand art à ne jamais donner prise sur soi, comment ferait l'auteur pour infliger à ce misérable, à la fin de la pièce, le châtiment qu'il mérite et que la morale exige qu'il subisse.

Molière, obligé de satisfaire à cette nécessité, ayant non-seulement à punir un odieux hypocrite, mais encore à dessiller les yeux de sa victime (car au théâtre la peinture de certains vices est moins faite pour corriger ceux qui en sont atteints que pour servir de leçon aux esprits faibles et leur apprendre à n'en pas être la dupe), Molière ne pouvait imaginer rien de mieux que de donner à son Tartufe des inclinations sensuelles, et cette première idée une fois trouvée, c'était, à coup sûr, la combinaison la plus heureuse que de le rendre amoureux précisément de la femme de son bienfaiteur; car si Molière en eût fait l'amant de toute autre femme, qui sait si le pauvre Orgon, fanatisé comme il l'est,

. . . . . Devenu comme un homme hébété,
Depuis que de Tartufe on le voit entêté,

qui sait, dis-je, en apprenant la faiblesse de son saint ami, s'il ne se fût pas encore écrié : *Le pauvre homme!*

Mais cette passion de Tartufe, qui est un ressort si puissant, qui jette tant d'intérêt dans la pièce, qui fournit à l'auteur le seul moyen peut-être de tirer Orgon de son fatal aveuglement, cette passion, Molière l'a-t-il donnée à son hypocrite aux dépens de la vérité? En un mot, Tartufe amoureux n'est-il plus Tartufe? N'observe-t-il pas dans toutes ses démarches, même en ouvrant son cœur à celle qu'il aime, la prudence et la circonspection des gens de son espèce? Croit-on, par exemple, que si Elmire n'eût été qu'une de ces coquettes frivoles et légères, toute autre enfin que ce qu'elle est, Tartufe se fût hasardé à lui faire une déclaration? Non, assurément; mais il connaît bien celle à qui il s'adresse; et lorsque Damis dit à son père :

... Je l'ai surpris là qui faisait à madame
L'injurieux aveu d'une coupable flamme.

> Elle est d'une humeur douce, et son cœur trop discret
> Voulait à toute force en garder le secret ;
> Mais je ne puis flatter une telle impudence,
> Et crois que vous la taire est vous faire une offense.

le fourbe sait bien qu'Elmire est femme à répondre :

> Oui, je tiens que jamais de tous ces vains propos
> On ne doit d'un mari traverser le repos ;
> Que ce n'est point de là que l'honneur peut dépendre,
> Et qu'il suffit pour nous de savoir se défendre.
> Ce sont mes sentiments ; et vous n'auriez rien dit,
> Damis, si j'avais eu sur vous quelque crédit.

On le voit donc, connaissant Elmire pour une femme réservée, d'une sagesse pleine de douceur et de modération, par conséquent bien assuré d'avance de la trouver indulgente et discrète, Tartufe, sans rien craindre et sans se compromettre, pouvait lui faire l'aveu de sa passion.

Plus tard, dans la fameuse scène du quatrième acte, sa finesse et sa prudence sont-elles en défaut parce qu'il n'a pas prévu la ruse d'Elmire et deviné qu'Orgon était caché sous la table? Mais vraiment, à sa place, personne n'en eût eu l'idée.

A qui donc, en effet, la pensée serait-elle venue qu'une femme comme Elmire eût pu jamais descendre à jouer une pareille comédie? Cela n'était nullement supposable, et il a fallu toute l'imminence du danger qui menaçait sa famille, l'avenir perdu de la pauvre Marianne, et enfin l'impossibilité de détromper son mari par d'autres moyens, pour qu'elle s'y résignât. Elmire, malgré la légitimité de ces motifs, sent néanmoins ce qu'une telle démarche a de peu bienséant pour une femme d'honneur; aussi voit-on, par ses discours, combien sa délicatesse y répugne, et combien aussi elle a besoin de s'en justifier. Au moins, dit-elle à son mari,

> . . . Je vais toucher une étrange matière ;
> Ne vous scandalisez en aucune manière.
> Quoi que je puisse dire, il doit m'être permis,
> Et c'est pour vous convaincre, ainsi que j'ai promis.

Je vais par des douceurs, *puisque j'y suis réduite*,
Faire poser le masque à cette âme hypocrite,
Flatter de son amour les désirs effrontés,
Et donner un champ libre à ses témérités.
Comme c'est pour vous seul, et pour mieux le confondre,
Que mon âme à ses vœux va feindre de répondre,
J'aurai lieu de cesser dès que vous vous rendrez,
Et les choses n'iront que jusqu'où vous voudrez.
C'est à vous d'arrêter son ardeur insensée,
Quand vous verrez l'affaire assez avant poussée,
D'épargner votre femme et de ne m'exposer
Qu'à ce qu'il vous faudra pour vous tranquilliser.

**Puis à Tartufe, lorsqu'il est démasqué :**

C'est contre mon humeur que j'ai fait tout ceci ;
Mais on m'a mise au point de vous traiter ainsi.

**Donner à Tartufe une passion amoureuse, et, par suite de cette passion, le faire tomber dans un piége qui le perd, sans que pour cela son personnage se démente en rien, c'était là précisément une de ces propositions hardies, une de ces difficultés presque insurmontables, digne du**

génie de Molière, et dont il pouvait seul triompher. Aussi les jeunes comédiens ne sauraient-ils étudier avec trop d'attention, pour les mieux admirer, les moyens et l'art sublime à l'aide desquels il a résolu cette espèce de problème. C'est par la savante et profonde combinaison des trois principaux personnages de sa comédie, par les passions et les vertus poussées à l'extrême dont il les a doués, que Molière a pu rendre possible la fameuse scène du quatrième acte, où Elmire, en présence de son mari caché sous la table, oblige Tartufe à se démasquer.

Ainsi, par exemple, il n'eût pas suffi d'avoir fait d'Orgon un de ces dévots entêtés seulement, comme le sont la plupart des fanatiques, il le fallait opiniâtre au point de ne pouvoir être désabusé sur le compte de Tartufe que par les preuves évidentes, matérielles, irrésistibles que lui fournit Elmire.

De même, il n'eût pas suffi d'avoir fait d'Elmire une femme d'une sagesse, d'une douceur, d'un dévouement et d'un courage ordinaires ; il fallait, ayant à sauver sa famille, en attirant dans un piége un fourbe abominable, qu'elle possédât ces vertus au plus haut degré, et fût douée, en outre de l'esprit, du jugement le plus élevé pour faire taire en elle des scrupules qui sans doute eussent arrêté toute autre femme.

Enfin il n'eût pas suffi non plus d'avoir donné à Tartufe des sentiments amoureux, même d'une très vive ardeur ; il fallait que sa passion pour Elmire fût telle que, dans son espérance de la voir satisfaite, et dans le délire qu'en éprouvent ses sens, elle dût le pousser aux dernières exigences, et le faire s'avancer et se compromettre au point de n'avoir plus une seule excuse pour justifier sa conduite, lorsque, prêt à saisir Elmire dans ses bras, il se trouve vis-à-vis d'Orgon.

Ces trois personnages ainsi conçus, l'admirable scène dont nous nous occupons, bien que la situation en soit inouïe et fort prolongée, n'a cependant rien qui blesse la vraisemblance, parce que chacun des personnages y restant toujours dans son rôle, agit et parle selon son caractère et conformément au but qu'il poursuit.

La crédulité, l'entêtement excessifs d'Orgon, malgré tout ce qu'il entend de la bouche de son cher Tartufe, malgré les avertissements que lui donne Elmire en toussant à diverses reprises, ne le font sortir de dessous la table qu'à la dernière extrémité. Tartufe, tout passionné qu'il est, malgré les espérances flatteuses qu'on lui donne, se contient, prend ses sûretés, montre une défiance extrême, et ne veut croire aux douces paroles d'Elmire qu'autant qu'elle aura

Par des réalités su convaincre sa flamme.

Enfin Elmire, malgré son brusque changement de conduite envers Tartufe, malgré les justes soupçons que celui-ci en conçoit et les objections embarrassantes qu'il lui fait à cet égard, Elmire, en rappelant avec adresse la manière dont elle a d'abord écouté l'aveu de son amour et les circonstances qui l'ont suivi, finit par le persuader complétement, et semble, par cet heureux triomphe, recevoir la récompense de sa modération.

## SUR LE ROLE DE TARTUFE.

Que l'on juge si, dans la situation où se trouve Tartufe, plus fin que lui ne se fût pas laissé prendre à ses discours :

TARTUFE.

On m'a dit qu'en ce lieu vous vouliez me parler.

ELMIRE.

Oui. L'on a des secrets à vous y révéler.
Mais tirez cette porte avant qu'on vous les dise,
Et regardez partout, de crainte de surprise.
(Après que Tartufe a été fermer la porte.)
Une affaire pareille à celle de tantôt
N'est pas assurément ici ce qu'il nous faut.
Jamais il ne s'est vu de surprise de même.
Damis m'a fait pour vous une frayeur extrême ;
Et vous avez bien vu que j'ai fait mes efforts
Pour rompre son dessein et calmer ses transports.
Mon trouble, il est bien vrai, m'a si fort possédée
Que de le démentir je n'ai point eu l'idée ;
Mais par là, grâce au ciel, tout a bien mieux été,
Et les choses en sont en plus de sûreté.
L'estime où l'on vous tient a dissipé l'orage,
Et mon mari de vous ne peut prendre d'ombrage.
Pour mieux braver l'éclat des mauvais jugements,

Il veut que nous soyons ensemble à tous moments ;
Et c'est par où je puis, sans peur d'être blâmée,
Me trouver ici seule avec vous enfermée,
Et ce qui m'autorise à vous ouvrir un cœur
Un peu trop prompt peut-être à souffrir votre ardeur.

### TARTUFE.

Ce discours à comprendre est assez difficile,
Madame, et vous parliez tantôt d'un autre style.

### ELMIRE.

Ah! si d'un tel refus vous êtes en courroux,
Que le cœur d'une femme est mal connu de vous !
Et que vous savez peu ce qu'il veut faire entendre,
Lorsque si faiblement on le voit se défendre !
Toujours notre pudeur combat, dans ces moments,
Ce qu'on peut nous donner de tendres sentiments.
Quelque raison qu'on trouve à l'amour qui nous dompte,
On trouve à l'avouer toujours un peu de honte.
On s'en défend d'abord; mais de l'air qu'on s'y prend
On fait connaître assez que notre cœur se rend ;
Qu'à nos vœux, par honneur, notre bouche s'oppose,
Et que de tels refus promettent toute chose.
C'est vous faire, sans doute, un assez libre aveu,
Et sur notre pudeur me ménager bien peu.
Mais puisque la parole enfin en est lâchée,

A retenir Damis me serais-je attachée,
Aurais-je, je vous prie, avec tant de douceur
Écouté tout au long l'offre de votre cœur,
Aurais-je pris la chose ainsi qu'on m'a vu faire,
Si l'offre de ce cœur n'eût eu de quoi me plaire?
Et lorsque j'ai voulu moi-même vous forcer
A refuser l'hymen qu'on venait d'annoncer,
Qu'est-ce que cette instance a dû vous faire entendre,
Que l'intérêt qu'en vous on s'avise de prendre ;
Et l'ennui qu'on aurait que ce nœud qu'on résout
Vînt partager du moins un cœur que l'on veut tout?

On dira peut-être que, justement surpris de ce revirement de conduite de la part d'Elmire, Tartufe ne devait pas croire à la sincérité de ses tendres aveux, et que cela fait tort à son jugement. En aucune façon ; cela montre seulement sa vanité, travers commun à tous les hommes, et dont les hypocrites, pas plus que d'autres, ne sont exempts. C'est la faiblesse ordinaire de chacun d'être porté à croire ce qu'il désire, et la digne Elmire, dont Molière a fait une femme des plus sensées, a fondé en partie sur cette vanité la réussite de son projet. Défiez-vous de Tartufe, lui dit-on :

> Son esprit est rusé,
> Et peut-être à surprendre il sera malaisé.

Elle répond :

> Non ; on est aisément dupé par ce qu'on aime,
> Et l'amour-propre engage à se tromper soi-même.

Cependant sa manœuvre est des plus habiles, et certes on en peut être la dupe sans manquer de pénétration. Les raisons qu'elle donne pour expliquer et justifier sa conduite sont toutes extrêmement plausibles et logiques, comme on a pu voir. Néanmoins, bien qu'elles le remplissent d'une joie indicible, Tartufe ne s'en laisse pas éblouir. Il redoute un piége, et, pour le convaincre, les plus douces paroles ne sont pas suffisantes, il lui faut tout autre chose. C'est, sans doute, madame, dit-il à Elmire,

> Une douceur extrême
> Que d'entendre ces mots d'une bouche qu'on aime ;
> Leur miel dans tous mes sens fait couler à longs traits
> Une suavité qu'on ne goûta jamais.
> Le bonheur de vous plaire est ma suprême étude,

Et mon cœur de vos vœux fait sa béatitude ;
Mais ce cœur vous demande ici la liberté
D'oser douter un peu de sa félicité.
Je puis croire ces mots un artifice honnête
Pour m'obliger à rompre un hymen qui s'apprête ;
Et, s'il faut librement m'expliquer avec vous,
Je ne me fîrai point à des propos si doux,
Qu'un peu de vos faveurs, après quoi je soupire,
Ne vienne m'assurer tout ce qu'ils m'ont pu dire,[1]
Et planter dans mon âme une constante foi
Des charmantes bontés que vous avez pour moi.

Elmire, pressée et embarrassée de répondre à ses vives instances, a recours pour les éluder à divers prétextes dont il triomphe facilement. Réduite enfin par l'inconcevable entêtement d'Orgon à ne plus savoir que faire : Ouvrez un peu la porte, dit-elle à Tartufe,

Et voyez, je vous prie,
Si mon mari n'est pas dans cette galerie.

TARTUFE.

Qu'est-il besoin pour lui du soin que vous prenez ?
C'est un homme, entre nous, à mener par le nez.

> De tous nos entretiens il est pour faire gloire,
> Et je l'ai mis au point de voir tout sans rien croire.
>
> ELMIRE.
>
> Il n'importe. Sortez, je vous prie, un moment,
> Et partout là-dehors voyez exactement.

Est-ce là un homme à qui l'on fait aisément prendre le change, ou qu'on détourne sans peine de son but? Non, assurément, et si Tartufe a donné dans le piége, c'est, encore une fois, parce qu'il ne pouvait nullement supposer qu'une femme comme Elmire, afin de le perdre, s'abaisserait à feindre pour lui des sentiments amoureux; c'est qu'il ne pouvait pas deviner non plus que cette noble épouse placée, comme nous l'avons déjà dit, dans cette cruelle alternative, ou de voir se consommer la ruine des siens, si elle n'agit pas, ou de se servir, pour démasquer un fourbe, d'un moyen qui répugne à sa délicatesse, n'hésiterait point, et ferait à sa famille le sacrifice de ses honnêtes scrupules.

Donc, Tartufe dans cette scène, comme dans toute la pièce, est resté fidèle à son caractère.

Que si l'on objecte encore, d'après La Bruyère, qu'il ne devait pas éprouver pour Elmire une affection sérieuse ; que les gens de cette espèce n'ont point de ces sortes de passions ; que chez eux les sens, qu'ils savent contenir ou satisfaire clandestinement, ne les font jamais sortir de leur prudence et s'exposer à compromettre l'objet de leur unique ambition, nous répondrons que, posée comme règle absolue, cette opinion ne nous semble pas juste.

Les hommes en général sont-ils tout d'une pièce? N'est-ce pas, au contraire, une vérité reconnue que dans les organisations, même les plus fortes, soit en bien, soit en mal, on rencontre souvent des penchants contradictoires, des anomalies, des inconséquences singulières? Tous les jours, en effet, ne voit-on pas des scélérats montrer, dans la consommation d'un crime longuement prémédité, un esprit de conduite, une discrétion, une prudence extraordinaires? Puis, riches des dépouilles de leurs victimes, pour satisfaire un certain goût du luxe ou leur amour des plaisirs, se livrer inconsidérément à des dépenses qui éveillent les soupçons de la justice et finissent par les amener à la cour d'assises?

Pour intéresser les spectateurs à la peinture des passions, des vices et des travers humains, un des moyens employés souvent par Molière, et toujours avec un immense succès, a été de mettre en opposition chez le même individu ses passions et son caractère. Ailleurs nous développerons plus au long cette remarque, mais il a bien fallu, pour que ce moyen obtînt constamment une pleine réussite, qu'il reposât sur l'observation profonde et vraie de la bizarrerie de notre nature.

La passion amoureuse de Tartufe est opposée à son caractère, et c'est cette passion qui le perd, cela est évident. Mais cette sorte de contradiction, si l'on peut parler ainsi, ne blesse pas la vraisemblance. Tous les jours, au contraire, on en voit des exemples nombreux, et si l'on veut bien tenir compte de cette observation, on reconnaîtra sans doute que, dans la peinture du

faux dévot, Molière n'est pas resté, tant s'en
faut, au-dessous de La Bruyère. Tous deux ont
habilement saisi sa ressemblance; seulement, en
ne lui donnant aucune faiblesse, La Bruyère
a fait de son Onuphre l'hypocrite parfait. Or,
comme la *perfection* (s'il est permis d'appliquer
ce mot à l'hypocrisie) est chose rare en tout, même
dans le vice, on pourrait dire de La Bruyère qu'il
a peint l'exception de l'espèce, et que Molière en
a peint la généralité.

D'après ce qui vient d'être exposé, l'un des
points les plus importants du personnage de
Tartufe et des plus difficiles à rendre est sa passion amoureuse, parce que cette passion ayant
un caractère particulier, elle exige de l'acteur
des moyens d'exécution tout à fait en dehors de
la routine. Ainsi, pour en donner une juste idée,
il ne faudrait pas, à l'exemple de beaucoup de
comédiens, débiter certains passages du rôle avec
cet accent tendre et véhément que d'ordinaire on
emploie au théâtre pour exprimer les élans d'un
amour honnête.

L'ardeur de Tartufe doit être grande sans doute, mais c'est une ardeur, il ne faut pas l'oublier, née d'un sentiment criminel et que porte au plus haut degré la seule concupiscence de la chair. Elle a quelque chose de sombre et de cynique qu'il est plus facile de sentir que de bien caractériser. Tout plein de ses désirs coupables et déclarant son amour à Elmire, on se figure Tartufe l'œil enflammé, mais ne jetant sur elle que des regards obliques et furtifs, la voix tremblante, la respiration gênée, le maintien mal assuré, tout ce qui trahit enfin une émotion extrême, un entier bouleversement des sens, et néanmoins sans qu'il y ait rien dans son attitude et son débit qui puisse le faire ressembler à un satyre, ou qui blesse le moins du monde les bienséances.

Vers la fin de sa déclaration, plus maître de lui, Tartufe, en homme positif, va droit à son but, et ce qu'il importe alors de bien faire sentir, c'est ce passage où, tacticien habile, il explique à Elmire, au point de vue de sa morale, les avantages que trouvent les femmes à aimer les gens de son espèce.

Dans ce passage, l'acteur doit baisser un peu la voix, ralentir sa diction, et lui donner quelque chose de mystérieux. Il doit faire valoir certaines expressions en les détachant ou les marquant d'une inflexion particulière, et s'arrêter un moment après les avoir prononcées, de façon à ce qu'elles puissent impressionner plus profondément celle qu'il veut convaincre et suborner :

> Votre honneur avec moi ne court point de hasard,
> Et n'a nulle disgrâce à craindre de ma part.
> Tous ces galants de cour, dont les femmes sont folles,
> Sont bruyants dans leurs faits et vains dans leurs paroles ;
> De leurs progrès sans cesse on les voit se targuer ;
> Ils n'ont point de faveur qu'ils n'aillent divulguer ;
> Et leur langue indiscrète, en qui l'on se confie,
> Déshonore l'autel où leur cœur sacrifie...
> (Plus bas encore et plus lentement.)
> Mais les gens comme nous brûlent d'un feu discret,
> Avec qui pour toujours on est sûr du secret.
> Le soin que nous prenons de notre renommée
> Répond de toute chose à la personne aimée ;

> Et c'est en nous qu'on trouve, acceptant notre cœur,
> De l'amour sans scandale et du plaisir sans peur.

Dans la scène du quatrième acte, il insiste encore sur ce moyen, qui lui semble de nature à devoir décider Elmire, car on juge toujours les autres d'après soi, et Tartufe ne peut concevoir qu'il soit possible de ne pas mal faire lorsqu'on est certain du secret; aussi lui dit-il :

> Vous êtes assurée ici d'un plein secret,
> Et le mal n'est jamais que dans l'éclat qu'on fait.
> Le scandale du monde est ce qui fait l'offense,
> Et ce n'est pas pécher que pécher en silence.

Au surplus, dans les deux grandes scènes d'amour, Tartufe n'est Tartufe qu'à demi : il a déjà soulevé son masque. Le regard sévère d'Elmire l'oblige bien de temps en temps à quelques réticences hypocrites, comme celle-ci :

> Et je n'ai pu vous voir, parfaite créature...
> Sans admirer en vous l'auteur de la nature, etc.

Mais enfin il lui dit assez franchement :

> Ah! pour être dévot, je n'en suis pas moins homme ;

Et lorsqu'on vient à voir vos célestes appas,
Un cœur se laisse prendre et ne raisonne pas.
Je sais qu'un tel discours de moi paraît étrange ;
Mais, madame, après tout, je ne suis pas un ange.

## Plus loin :

Je sais que vous avez trop de bénignité,
Et que vous ferez grâce à ma témérité ;
Que vous m'excuserez, sur l'humaine faiblesse,
Des violents transports d'un amour qui vous blesse,
Et considérerez, en regardant votre air,
Que l'on n'est pas aveugle et qu'un homme est de chair.

## Et dans l'autre scène :

Si ce n'est que le ciel qu'à mes vœux on oppose,
Lever un tel obstacle est pour moi peu de chose,
Et cela ne doit point retenir votre cœur.

ELMIRE.

Mais des arrêts du ciel on nous fait tant de peur !

TARTUFE.

Je puis vous dissiper ces craintes ridicules,
Madame ; et je sais l'art de lever les scrupules.
Le ciel défend, de vrai, certains contentements ;
Mais on trouve avec lui des accommodements.

La scène dans laquelle Tartufe se montre vraiment hypocrite est celle où il s'avoue coupable et se jette aux genoux d'Orgon pour implorer la grâce de Damis. Aussi l'acteur doit-il établir entre cette scène et les autres de son rôle une grande différence.

Il faut ici que l'humilité, la modestie, la résignation du chrétien, soient jouées avec un art infini; il faut que son accent soit doux, pénétrant, pathétique, que les larmes inondent son visage, que son jeu enfin soit exempt plus que partout ailleurs de la moindre exagération. Plus il mettra de vérité dans sa douleur, plus il se montrera hypocrite, plus il rehaussera le caractère d'Orgon en donnant une sorte d'excuse au fanatisme et aux emportements de ce personnage.

La tradition qu'il ne faut pas toujours respecter, surtout quand ce qu'elle a consacré blesse ouvertement la raison et la vraisemblance, la tradition a maintenu dans cette scène un jeu de physionomie tout à fait ridicule : au plus fort de sa colère, lorsque Orgon, pour châtier son fils de son insolence, s'écrie en remontant le théâtre : *Un bâton! un bâton!* et dit à Tartufe : *Ne me retenez pas*, Tartufe en ce moment, loin de faire mine de le retenir, reste immobile sur le devant de la scène, et par sa physionomie exprime le plaisir qu'il aurait à voir Orgon exécuter son projet. C'est là encore un effet comique obtenu aux dépens de la vérité.

On ne saurait admettre que l'homme qui vient d'implorer à genoux et les larmes aux yeux la grâce d'un fils, ne se précipite pas sur son père afin de le détourner de son dessein quand celui-ci demande un bâton pour le battre. Mais dans la pensée même qu'on suppose à Tartufe, qu'il serait charmé de voir administrer à Damis cette correction, il connaît trop bien le caractère têtu de son ami pour ne pas savoir que la résistance en pareil cas est ce qui le pousserait le plus à se satisfaire. En effet, si Orgon avait à sa disposition le bâton qu'il cherche, le meilleur moyen à employer pour qu'il en fustigeât son fils serait assurément de paraître vouloir l'empêcher de s'en saisir, ou de le lui arracher des mains; mais dans la situation où se trouve Tartufe, un tout autre sentiment dirige sa conduite. Par un artifice des plus habiles, en s'avouant coupable du crime dont l'accuse Damis, il a déjà su convaincre Orgon de son innocence; il lui a dit :

> De quelque grand forfait qu'on me puisse reprendre,
> Je n'ai garde d'avoir l'orgueil de m'en défendre.
> Croyez ce qu'on vous dit, armez votre courroux,
> Et comme un criminel chassez-moi de chez vous;
> Je ne saurais avoir tant de honte en partage
> Que je n'en aie encor mérité davantage.

Puis à Damis :

> Oui, mon cher fils, parlez : traitez-moi de perfide,
> D'infâme, de perdu, de voleur, d'homicide;
> Accablez-moi de noms encor plus détestés;
> Je n'y contredis point, je les ai mérités,
> Et j'en veux à genoux souffrir l'ignominie,
> Comme une honte due aux crimes de ma vie.

Maintenant il veut édifier son trop crédule ami par la magnanimité de son cœur. Il lui demande la grâce de son fils, de ce fils ingrat qui l'a voulu perdre en l'accusant injustement. Il le conjure en chrétien de quitter sa colère :

> Mon frère, au nom de Dieu, ne vous emportez pas !
> J'aimerais mieux souffrir la peine la plus dure,
> Qu'il eût reçu pour moi la moindre égratignure.
> . . . . . Laissez-le en paix. S'il faut à deux genoux
> Vous demander sa grâce...

Orgon, transporté d'admiration pour Tartufe, de fureur contre son fils, exige que celui-ci se rétracte et fasse des excuses au saint homme. Damis s'y refuse. Lui demander pardon ! dit-il :

> Qui ? moi ! De ce coquin qui par ses impostures...
>
> ORGON.
>
> Ah ! tu résistes, gueux, et lui dis des injures !
> Un bâton ! un bâton ! Ne me retenez pas.

Ici, on le voit bien, pour être conséquent avec lui-même, Tartufe doit le retenir tout aussitôt. Par cette action, qui s'accorde au mieux avec ce qu'il vient de dire et faire, il achève jusqu'au bout le rôle qu'il s'est tracé et que le fourbe sait bien être le plus propre à porter sa dupe aux

dernières extrémités. En effet, Orgon termine la
scène par ces paroles qu'il adresse à son fils :

>           Vite, quittons la place ;
> Je te prive, pendard, de ma succession,
> Et te donne, de plus, ma malédiction !

Il est aussi de tradition, après la petite scène
où Orgon est sorti de dessous la table, que Tartufe, en reparaissant, aille poser son manteau et
son chapeau sur une chaise, avant de dire à
Elmire :

> Tout conspire, madame, à mon ravissement ;
> J'ai visité de l'œil tout cet appartement, etc.

Qu'il jette en entrant son chapeau, d'accord ; il le
faut bien, puisque Orgon doit le saisir par les deux
bras au moment où il les étend vers Elmire.
Mais pourquoi quitte-t-il son manteau ? Quelle
est en cela la pensée de l'acteur ? Ce ne peut être
que de mieux faire comprendre au public le dessein criminel de Tartufe. Mais, en vérité, c'est
trop douter de son intelligence, et la scène à cet

égard est bien assez explicite. Dans tous les cas, il y a là, ce me semble, une inconvenance des plus choquantes.

La tradition veut encore, lorsque Orgon dit à Tartufe :

> Ces discours ne sont plus de saison :
> Il faut tout sur-le-champ sortir de la maison !

que Tartufe, dont l'attitude en ce moment est des plus humbles, relève tout à coup la tête et regarde Orgon du haut en bas avec dédain, puis, sans proférer une parole, aille au fond du théâtre prendre son manteau, redescende la scène, se place entre ses deux interlocuteurs, et, se coiffant de son chapeau qu'il enfonce jusqu'aux yeux, lui dise enfin :

> C'est à vous d'en sortir !.....

Ce jeu de scène, dans une telle situation, ne vous paraît-il pas bien théâtral et bien froid? On le concevrait de la part de Tartufe si, dans une circonstance moins critique, et en présence de beaucoup de personnes, il avait intérêt à produire sur elles une certaine impression ; mais ici rien ne l'oblige à faire du dramatique et à se poser de la sorte. La ruse d'Elmire vient de renverser subitement tous ses projets, de ruiner toutes ses espérances. Le dépit, l'humiliation, la haine, la vengeance, voilà les sentiments qui remplissent son cœur, et ils sont trop violents pour ne pas faire irruption au dehors malgré lui, quand bien même il aurait dessein de les maîtriser. C'est ce qui ressort clairement du langage plein de passion que Molière lui fait tenir :

> C'est à vous d'en sortir, vous qui parlez en maître !
> La maison m'appartient, je le ferai connaître,
> Et vous montrerai bien qu'en vain l'on a recours,
> Pour me chercher querelle, à ces lâches détours ;
> Qu'on n'est pas où l'on pense en me faisant injure ;
> Que j'ai de quoi confondre et punir l'imposture,
> Venger le ciel qu'on blesse, et faire repentir
> Ceux qui parlent ici de me faire sortir.

Assurément il ne faut rien négliger au théâtre

de ce qui peut concourir à l'effet, puisque, en définitive, c'est le but où tendent tous les efforts de l'acteur, et la mimique ainsi que les jeux de scène y contribuent sans doute puissamment; mais le véritable comédien devrait toujours avoir le courage d'y renoncer, quand les moyens propres à le produire ne sont pas d'accord avec la situation de son personnage et les sentiments qui l'animent.

S'il est nécessaire, dans cette sortie de Tartufe, pour que sa physionomie haineuse et vindicative, pour que sa parole menaçante, fassent plus d'impression sur les spectateurs, qu'il occupe le milieu du théâtre, n'est-il pas un moyen de l'y faire passer autre que celui indiqué par la tradition? Pourquoi, par exemple, après avoir dit à Orgon sans quitter sa place :

> C'est à vous d'en sortir, vous qui parlez en maître ;

et en accentuant fortement cet hémistiche :

> La maison m'appartient.

ce qui doit faire faire à Elmire un grand mouvement de surprise, pourquoi n'irait-il pas droit à elle, en lui adressant cet autre hémistiche :

Je le ferai connaître.

C'est à Elmire, en effet, qu'il veut persuader, par ces paroles, que ce qu'il vient de dire est bien la vérité.

Quant à Orgon, dont il a en poche et par contrat la donation de la maison, il n'a pas certes à lui prouver qu'elle lui appartient. De cette façon, et d'une manière plus naturelle, à ce qu'il me semble, Tartufe se trouverait placé entre ses deux interlocuteurs.

On pourra trouver que ces observations et les changements que je propose, portant moins sur le fond que sur les détails du rôle, ne sont que des nuances légères auxquelles il ne faut pas attacher grande importance. A cela il y aurait à répondre que d'abord les divers changements apportés dans les détails d'un rôle peuvent en modifier sensiblement la physionomie et la rendre tout autre; ensuite, que dans le jeu de l'acteur, soit à l'égard de la conception ou de l'exécution, entre ce qui n'est point mal et ce qui serait bien, la différence n'est souvent que d'une nuance légère. En général, on ne se trompe pas d'une manière tout à fait grossière sur l'ensemble d'un rôle, et jamais, par exemple, il ne viendra à l'idée d'aucun comédien, pas même des moins intelligents, de jouer Tartufe avec les airs dégagés d'un petit-maître. Les traits distinctifs de sa physionomie les frapperont tous ; tous ils comprendront parfaitement que cette figure sinistre qui traverse la pièce est mue par deux grandes passions, la concupiscence et l'amour des richesses ; que dès lors il faut se montrer très ardent avec Elmire et très hypocrite avec Orgon. Mais pour donner à cette ardeur comme à cette hypocrisie les caractères qui leur sont propres ; pour ne pas exprimer l'une avec l'accent passionné d'un amour ordinaire, ou ne pas la faire dégénérer en satyrisme, pour ne pas peindre l'autre avec une exagération et des grimaces telles que Orgon, en en étant la dupe, n'est plus qu'un véritable Cassandre ; pour donner enfin une juste idée, par l'amertume de la parole, les éclairs du regard, la violence du geste, de toutes les mauvaises passions qui bouleversent l'âme de Tartufe à sa sortie du quatrième acte, sans pour cela tomber dans le tyran de mélodrame, voilà ce qu'ils comprendront moins facilement. En un mot, ce sont les nuances qui leur échapperont. Ce qui leur manquera pour les saisir et les bien rendre, c'est la finesse, le tact, la mesure et le goût; qualités précieuses, qui seules ne font pas le grand acteur, mais qu'il faut indispensablement posséder pour le devenir.

Le rôle de Tartufe est du petit nombre de ceux sur lesquels le comédien, même du plus rare mérite, se consume jusqu'au dernier jour, sans voir jamais ses efforts couronnés d'un plein succès. Chaque fois qu'il le représente, il trouve à faire dans son jeu des additions ou des rectifications importantes. C'est que, en effet, malgré ses profondes et constantes études, toujours quelque trait, quelque nuance, quelque intention échappe à son intelligence. Mais cette espèce de lutte, loin de le décourager, est pour lui d'un puissant intérêt. Il est beau de se mesurer avec de si hautes conceptions ; et, ne parvînt-on qu'à les représenter passablement, cette demi-réussite devrait rendre plus glorieux et flatter plus encore l'amour-propre qu'un triomphe complet obtenu dans d'autres rôles.

FIN.

# TABLE DES MATIÈRES.

De l'influence des mœurs sur la comédie. . . . . 1
Première période. . . . . . . . . . . . 4
Deuxième période. . . . . . . . . . . 26
Troisième période. . . . . . . . . . . 32
Quatrième période. . . . . . . . . . . 39
Cinquième période. . . . . . . . . . . 41
Sixième période. . . . . . . . . . . . 48
Septième période. . . . . . . . . . . . 67
Pourquoi les mœurs n'ont exercé qu'une faible influence sur la comédie. . . . . . . . . 90
Première lettre sur le Misanthrope. . . . . . . 107
Deuxième lettre sur le Misanthrope. . . . . . . 151
Lettre sur le rôle de Tartufe. . . . . . . . . 175

FIN DE LA TABLE.

www.ingramcontent.com/pod-product-compliance
Lightning Source LLC
Chambersburg PA
CBHW071950160426
43198CB00011B/1625